本书由人才培养质量建设-双培计划新兴专业建设-互联网物流（专项代码：16013-3）、北方工业大学科研启动基金项目"虚拟社区中互动、涉入度对共创价值的影响研究"（项目编号：Y20150416）、北方工业大学优势（建设）学科项目（编号 XN081）资助出版

虚拟社区共创价值构成及其影响因素

涂剑波◎著

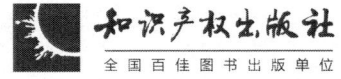

图书在版编目（CIP）数据

虚拟社区共创价值构成及其影响因素/涂剑波著.—北京：知识产权出版社，2016.9
（工商管理学术文库）
ISBN 978-7-5130-4507-0

Ⅰ.①虚… Ⅱ.①涂… Ⅲ.①网络营销—研究 Ⅳ.①F713.36

中国版本图书馆 CIP 数据核字（2016）第 235420 号

内容提要

企业与顾客共创价值已经成为当代企业实践和学术界的重要热点。在虚拟社区背景下，如何有效促进顾客参与企业共创价值，分析共创价值的构成以及影响因素就尤为重要。本书基于现有的文献，提出虚拟社区共创价值及其影响因素的关系模型，并通过实证研究方法验证该关系模型。本书丰富了现有的共创价值理论，并为企业有效运用共创价值理念提升营销和服务水平提供理论借鉴。

读者对象：管理学、市场营销专业的高校教师、科研工作者、在校学生。

责任编辑：江宜玲	责任校对：谷 洋
装帧设计：京华诚信	责任出版：卢运霞

工商管理学术文库

虚拟社区共创价值构成及其影响因素

涂剑波◎著

出版发行：知识产权出版社有限责任公司	网　址：http://www.ipph.cn
社　址：北京市海淀区西外太平庄55号	邮　编：100081
责编电话：010-82000860 转8339	责编邮箱：jiangyiling@cnipr.com
发行电话：010-82000860 转8101/8102	发行传真：010-82000893/82005070/82000270
印　刷：北京中献拓方科技发展有限公司	经　销：各大网上书店、新华书店及相关专业书店
开　本：720mm×1000mm 1/16	印　张：10
版　次：2016年9月第1版	印　次：2016年9月第1次印刷
字　数：162千字	定　价：38.00元
ISBN 978-7-5130-4507-0	

出版权专有　侵权必究
如有印装质量问题，本社负责调换。

前 言

本书源于我曾参加的一项国家自然科学基金项目"基于关系导向的企业与顾客价值共创机理研究"（项目编号：71272018），该项目的主持人为我的博士生导师、北京航空航天大学经济管理学院的张明立教授。通过参与该项目，我对共创价值的研究产生了浓厚的兴趣。在导师的指导和鼓励下，我从博士阶段起就一直从事共创价值方面的研究，并撰写了多篇关于共创价值的论文，分别发表在《湖南大学学报：自然科学版》《同济大学学报：自然科学版》《财经论丛》《武汉理工大学学报：社会科学版》等国内核心期刊上。

博士毕业后，我进入北方工业大学经济管理学院从事市场营销方面的教学和科研工作。基于博士阶段的研究，我顺利主持了北方工业大学科研启动基金项目"虚拟社区中的互动、涉入度对共创价值的影响研究"（项目编号：Y20150416）。该项目是对我博士论文的进一步深化和延伸。

过去，价值一直被认为是企业在生产和服务过程中创造出来的，并通过服务的传递提供给顾客，顾客通过对产品和服务的感知获得了价值；顾客在价值创造过程中处于被动的角色。瓦格和鲁奇（Vargo，Lusch，2004）提出了服务主导逻辑，指出顾客在价值创造过程中已经从被动的角色转变为积极主动的价值共创者，在企业提供必要条件的基础上，顾客通过产品和服务的使用共创价值；共创价值是一种使用价值。伴随着服务主导逻辑和共创价值的提出，共创价值的构成以及影响因素的研究逐渐成了学术界的研究热点。王新新和万文海（2012）将共创价值分为生产领域的共创价值和消费领域的共创价值：生产领域的共创价值可以是生产者价值、员工价值或消费者价值；消费领域的共创价值主要表现为消费者的体验价值，如消费者审美价值、共创体验等。在虚拟社区背景下，共创价值由哪些价值构成、会受到哪些因素的影响，现有文献缺乏相关研究。

本书基于现有的文献，提出虚拟社区共创价值及其影响因素的关系模型，并通过实证研究方法验证该关系模型。本书丰富了现有的共创价值理论，并为企业有效运用共创价值理念提升营销和服务水平提供理论借鉴。

涂剑波
2016 年 8 月 8 日于北方工业大学

目　录

第一章　绪　论 (1)

第一节　研究背景 (1)

第二节　研究意义 (5)

第三节　研究方法及技术路线 (6)

　　一、研究方法 (6)

　　二、技术路线 (7)

第二章　文献综述 (8)

第一节　共创价值的理论基础 (8)

　　一、服务主导逻辑理论 (8)

　　二、资源交换理论 (13)

　　三、动机理论 (14)

第二节　虚拟社区 (16)

　　一、虚拟社区的含义 (16)

　　二、虚拟社区的分类 (17)

　　三、虚拟社区的实证研究 (18)

第三节　共创价值 (20)

第四节　互　动 (24)

　　一、互动的含义 (24)

　　二、互动的构成 (24)

第五节　用户体验 (26)

一、用户体验的含义 …………………………………………（26）
　　二、用户体验的构成 …………………………………………（28）
　　三、用户体验的作用 …………………………………………（28）
第六节　资源整合 ……………………………………………………（28）
第七节　关系质量 ……………………………………………………（31）
第八节　涉　入 ………………………………………………………（33）
　　一、涉入的定义 ………………………………………………（33）
　　二、涉入的维度 ………………………………………………（35）
　　三、涉入的作用 ………………………………………………（36）
第九节　流体验 ………………………………………………………（38）
　　一、流体验的定义和结构 ……………………………………（38）
　　二、流体验的作用 ……………………………………………（40）
第十节　体验质量 ……………………………………………………（42）
第十一节　行为意向 …………………………………………………（42）

第三章　定性研究 …………………………………………………（45）

第一节　文献分析与归纳 ……………………………………………（45）
　　一、实用价值 …………………………………………………（45）
　　二、享乐价值 …………………………………………………（47）
　　三、用户资产 …………………………………………………（48）
第二节　焦点小组访谈定性研究 ……………………………………（50）
　　一、方法选择与设计 …………………………………………（50）
　　二、访谈样本设计 ……………………………………………（51）
　　三、访谈的准备 ………………………………………………（52）
　　四、访谈过程 …………………………………………………（54）
　　五、资料分析过程 ……………………………………………（56）
　　六、访谈结果 …………………………………………………（61）

第四章　研究模型构建 ……………………………………………（71）

第一节　虚拟社区共创价值与其影响因素、结果变量的关系模型 …（71）

第二节　关系质量、互动、资源整合和共创价值的关系 …… (72)
　　　一、关系质量和互动的关系 …………………………… (72)
　　　二、互动和资源整合的关系 …………………………… (75)
　　　三、资源整合与共创价值的关系 ……………………… (77)
　　第三节　涉入、共创价值、流体验和行为意向的关系 …… (78)
　　　一、涉入与共创价值的关系 …………………………… (78)
　　　二、共创价值与流体验的关系 ………………………… (78)
　　　三、感知愉悦、关注及行为意向的关系 ……………… (79)
　　　四、流体验的中介效应 ………………………………… (80)
　　第四节　用户体验、共创价值的关系 …………………… (81)
　　第五节　用户体验质量、共创价值和行为意向的关系 …… (83)

第五章　研究设计 …………………………………………… (86)

　　第一节　问卷设计 ………………………………………… (86)
　　　一、方法选择 …………………………………………… (86)
　　　二、变量定义和变量测量 ……………………………… (86)
　　第二节　预调研 …………………………………………… (92)
　　第三节　正式问卷调研 …………………………………… (92)
　　　一、正式问卷调研的目的 ……………………………… (92)
　　　二、样本设计与问卷调研 ……………………………… (93)
　　第四节　信度与效度分析 ………………………………… (94)
　　　一、信度分析 …………………………………………… (94)
　　　二、效度分析 …………………………………………… (94)
　　第五节　探索性因子分析 ………………………………… (95)
　　第六节　验证性因子分析 ………………………………… (95)
　　第七节　结构方程模型分析 ……………………………… (96)

第六章　数据分析 …………………………………………… (98)

　　第一节　预调研数据分析 ………………………………… (98)
　　　一、预调研描述性统计分析 …………………………… (98)

  二、探索性因子分析 (98)
 第二节 描述性统计分析 (101)
 第三节 信度和效度分析 (102)
  一、信度分析 (102)
  二、效度分析 (103)
 第四节 验证性因子分析 (103)
 第五节 关系质量、互动、资源整合和共创价值的关系 (108)
 第六节 涉入、共创价值、流体验和行为意向的关系 (110)
 第七节 用户体验和共创价值的关系 (112)
 第八节 体验质量、共创价值和行为意向的关系 (113)

第七章 结论与建议 (116)

 第一节 结 论 (116)
  一、提出了虚拟社区背景下的共创价值构成 (116)
  二、共创价值与其影响因素的关系 (117)
  三、共创价值与行为意向的关系 (121)
 第二节 实践建议 (122)
 第三节 局限性与未来研究方向 (123)

参考文献 (125)

第一章 绪 论

第一节 研究背景

随着 21 世纪中国互联网的不断发展，QQ、微博和社交网站等平台逐渐走入中国网络用户的工作和生活中。与传统的电子商务平台不同，QQ、微博和社交网站等平台的使用不以经济交易为目的，主要是为用户提供信息分享、兴趣娱乐、交友等使用功能，使得用户可以通过这些平台获得更广泛的信息来源，同时在平台中通过情感抒发、分享等过程获得现实环境中难以获取的成就感。根据中国互联网络信息中心（CNNIC）在 2013 年 7 月发布的《第 32 次中国互联网络发展状况统计报告》显示：到 2013 年 6 月底，中国网络用户已经增至 5.91 亿，其中使用即时通信平台的网民占 84.2%，使用微博进行在线交流的网民占 56.0%，同时社交网站的使用者也达到了 2.88 亿。这意味着 QQ、微博和社交网站等平台已经成为中国用户的重要网络平台。

为什么用户会乐于使用 QQ、微博、社交网站等虚拟社区平台呢？根据安格林等（Angeline et al., 2010）的研究，人做出某些行为会受到动机因素的影响；虚拟社区用户存在获取信息、享乐等方面的动机，因此促使其使用平台以满足自身的需要。在用户使用虚拟社区平台的过程中，平台服务人员并不直接提供服务，也不参与用户之间的交流，而是用户主动通过使用网络交流、分享等功能获取其需要的信息及愉悦。用户这种主动使用平台服务为自身创造价值的方式，已经成为虚拟社区独特的价值创造模式。

已有的价值创造研究（尤其是实证研究）主要是基于产品主导逻辑理

念，认为是企业创造价值并通过服务将价值传递给顾客。但这种产品主导逻辑无法解释虚拟社区中共创价值的形成：在虚拟社区中，服务人员并不提供直接的服务，平台也仅提供互动交流的条件，是用户主动为自身创造价值。服务主导逻辑的提出为解释虚拟社区中共创价值的形成提供了理论基础。瓦格和鲁奇（Vargo，Lusch，2004）指出，价值创造的核心已经从企业转为顾客，在价值创造过程中企业仅提供价值创造的条件，由顾客主动使用服务而实现价值的共创。瓦格和鲁奇（Vargo，Lusch，2008）进一步研究发现，价值共创不仅包括企业与顾客的共创过程，还包括不同参与者之间的价值共创过程，用户的价值来源于价值共创过程中用户对于服务的使用。由于在虚拟社区中，平台企业仅提供交流、分享等功能，不同的用户通过使用平台进行信息分享、情感交流、交友等过程而满足自身的需要，因此是不同的用户完成了虚拟社区的用户价值共创。瓦格等（Vargo et al.，2008）提出共创价值是在企业与顾客的相互合作中，通过互动进行服务和利益的传递而共同创造的价值。而对于虚拟社区，企业与用户之间通过服务的传递共同创造的价值就是虚拟社区共创价值。

在虚拟社区中，共创价值是怎样产生的？共创价值会受到哪些因素的影响？目前，这方面的研究仍然处于空白状态。为了解决以上研究问题，本书从互动、资源整合、关系质量、体验质量等因素来考虑虚拟社区共创价值的影响机理。

（1）研究发现共创价值的存在和发生必须经历互动过程，因此互动可能是虚拟社区价值共创过程的重要组成部分。互动是两个以上互相影响的参与方的相互行为。对于企业与顾客而言，他们之间的互动是指双方由于某一商业原因而发生联系，并且在这一联系中，他们都有机会对另一方产生影响（Gronroos，2011）。从互动与价值创造的关系角度，瓦格和鲁奇（Vargo，Lusch，2008）提出：互动为服务和相互利益的提供创造了条件，通过互动使企业与顾客的其中一方参与到另一方的价值创造过程中，支持对方并从对方获取利益。在分析价值共创的过程中，戈尔罗斯（Gronroos，2008）认为企业为顾客提供了价值产生的必要条件，创造了价值的基础。对于虚拟社区，平台提供了用户在线互动交流的功能，为用户之间的互动创造了条件；而用户之间通过互动可以实现用户资源的传递，可满足用户对信息、情感等资源的需求。因此，互动可能是促进共创价值的重要驱动因素（Ballantyne，Varey，2006）。对于虚拟社区而言，用户之间的互动可能为用户获取资源提供帮助，因而可能与用户价值的产生存在联系。为进一步明确互动是否为虚拟社区共创价值的重要影响因素，本书认为需要对互动与虚拟社区共创价值之间的关系进行深入研究。

切恩等（Chan et al.，2010）研究认为，互动是参与者双方进行资源交换的过程，而虚拟社区中的用户通过彼此的互动就能够形成用户资源的交换。那么，在虚拟社区中用户实现了资源的交换后又如何对价值产生影响呢？为了进一步分析虚拟社区共创价值的影响机理，研究者们开始关注资源整合。瓦格（Vargo，2008）认为：资源整合是以网络为中心的多导向的过程；是参与者为了实现自身的利益和他方的利益，将多种资源进行整合的过程。资源整合是将一个参与者的资源融入另一个参与者的过程，包括社会的和文化的融合，使每一方参与者都成为整合系统的一部分（Gummesson，Mele，2010）。那么，资源整合与价值存在怎样的关系呢？瓦格和鲁奇（Vargo，Lusch，2008）提出：在价值共创过程中，单一的参与方没有足够的资源进行价值创造，需要通过资源整合实现网络状的关系，从而引起价值的创造。这表明资源需要形成整合资源才可能为价值的形成提供支持。资源本身并不能产生价值，但是通过资源整合过程，使得人获得并使用资源，就可能激发价值的产生（Mele et al.，2009）。鲁奇等（Lusch et al.，2008）进一步提出通过资源整合，能够将潜在的资源转变成为顾客需要的特定利益，就可能为顾客创造价值。因此，资源整合对于共创价值的实现可能存在重要影响关系。在虚拟社区中，用户之间的资源整合可能是虚拟社区共创价值实现的重要影响因素。

那么，互动、资源整合和虚拟社区共创价值之间存在怎样的内在联系呢？有学者提出互动可能是资源整合的重要前因（Gummesson，Mele，2010），但并未通过实证验证互动与资源整合的关系。为了明确从互动、资源整合的角度分析虚拟社区共创价值的影响因素，本书通过建立资源整合、用户共创价值和行为意向的影响关系模型来分析虚拟社区共创价值的影响机理。

（2）在虚拟社区中，不仅包含有用户的互动、资源整合过程，用户在平台中的体验也是重要的价值激发过程。互动可能是价值共创过程的驱动因素

（Ballantyne，Varey，2006），而价值共创过程包括了服务体验过程以及使用价值的实现过程。这表明体验也可能与虚拟社区的共创价值有关。顾客体验是在企业与顾客的互动背景下所产生的顾客对企业产品和服务的重要感知和认识。杰恩特等（Gentile et al.，2007）认为：顾客体验可能产生于顾客与产品、企业或组织的互动中，并激发了一种反应的过程。因而在虚拟社区中，用户通过社交关系拓展以及情感传递等体验过程，不仅可能为用户获取自身信息创造条件，也可能为用户在整个体验过程中获取愉悦和精神享受提供支持。因此，虚拟社区的用户体验可能是虚拟社区共创价值的重要影响因素。

（3）在虚拟社区中，用户不仅要经历情感分享和传递、社交关系拓展等体验过程，而且会对体验过程进行评价。因为用户对于在线体验良好程度的评价（Lemke et al.，2011），即体验质量很可能影响用户的需要是否得到满足，也会影响用户是否进一步使用平台的服务。这表明用户的体验质量在用户价值的实现中也是重要的考虑因素。切恩等（Chen et al.，2010）在旅游行业的研究中发现，体验质量是顾客参与旅游行为的心理结果，是游客对他们期望的社会心理利益的情感反应。当虚拟社区的用户在使用平台的交流服务时，参与过程的心理结果以及期望的心理利益是否得到满足将可能影响用户对于价值的感知。这表明虚拟社区用户的体验质量也可能是虚拟社区共创价值的重要影响因素。

价值被认为是顾客做出购买决策的前因（Zeithaml，1988）。研究发现，价值可能对重复购买产生积极的影响（Cronin，Morris，1989）。价值不仅会影响到重复购买决策，还可能影响到顾客的口碑推荐行为。研究发现，价值可能与积极的口碑行为意向存在联系（Schneider，Bowen，1995），这表明价值可能与重复购买、口碑等存在影响关系。对于餐饮行业的研究发现，感知价值对行为意向可以产生积极的影响（Hyan et al.，2011）。因此，价值与行为意向可能存在重要联系，在虚拟社区中用户所获取的价值也可能是用户进行重复使用、产生积极口碑意向的重要前因。因此，本书将行为意向作为虚拟社区共创价值的结果变量，建立虚拟社区共创价值与行为意向的影响关系。

基于以上论述，本书以服务主导逻辑理论为指导，以虚拟社区为研究对象，探讨共创价值的维度构成，从平台服务人员与用户的互动、用户与用户的互动、资源整合、用户体验、体验质量等方面分析它们对用户共创价值的影响，由此建立虚拟社区的共创价值与其影响因素的关系模型，并以行为意向作为结果变量，分析共创价值对于用户行为态度的影响。本书从理论上丰富了价值共创理论，并为虚拟社区平台了解平台中用户价值创造的内涵、促进用户价值的实现、更好地提升用户忠诚意向提供理论支持。

第二节　研究意义

本书通过对虚拟社区共创价值进行深入研究，对现有的共创价值理论的发展做出了积极贡献。

1. 理论意义

以价值共创理论为指导，借鉴已有的研究成果，以虚拟社区为研究背景，提出虚拟社区共创价值的定义，并通过焦点小组访谈定性研究提出虚拟社区共创价值的维度构成；深入分析关系质量、互动、资源整合、用户体验和用户体验质量、涉入、流体验等影响因素对共创价值的重要影响；同时分析资源整合、用户体验质量、用户体验等因素通过虚拟社区共创价值对行为意向的影响，从而建立虚拟社区背景下共创价值与其影响因素的关系模型。本书在理论上丰富了现有的共创价值研究，提出了更为完善的共创价值影响因素模型，为以后的学者深入研究共创价值提供了理论参考。

2. 实践意义

通过研究虚拟社区共创价值的影响因素为虚拟社区平台实施价值营销策略提供了新的认识和理解；对于互动的重视可以指导平台更好地创造用户之间互动的条件；确立非交易类虚拟社区中关系质量通过互动对用户共创价值的影响关系，能够使虚拟社区平台加深对虚拟社区价值共创过程的理解，为其制订和实施有效的价值营销策略提供理论借鉴；资源整合对虚拟社区共创价值的影响关系构成，从资源的角度进一步揭示了在虚拟社区背景下共创价值形成的原因，帮助企业从资源的角度分析共创价值的来源。用户体验、虚拟社区共创价值和行为意向以及用户体验质量和共创价值的关系构成，从用户体验和用户体验感知评价的角度揭示了共创价值的成因，为虚拟社区平台从用户体验的角度有效促进共创价值的实现提供了理论借鉴。

第三节 研究方法及技术路线

一、研究方法

本书主要采用以下五种研究方法。

（1）文献分析法。通过查询和梳理现有的国内外共创价值的相关文献，特别是国外重要营销期刊发表的有关共创价值的研究论文，重点归纳与本研究相关的研究进展、取得的创新及提出的未来研究方向，及时为本研究提供借鉴和比较。同时，通过对相关研究问题的文献回顾，为研究中具体理论模型的构建提供支持。

（2）理论分析法。理论的归纳和演绎也是本研究采用的一种重要方法。虚拟社区共创价值的形成机理非常复杂。服务主导逻辑理论、资源交换理论等构成了这些基本理论问题研究的基础，运用这些理论可以从理论高度探索共创价值的维度构成、共创价值的形成过程等一些基本问题，并提出研究假设的概念模型。

（3）定性研究法。在探讨和确定虚拟社区共创价值的维度构成时，需要运用定性研究的方法，通过访谈调研验证理论分析法所探索的共创价值的维度。本书所使用的定性研究方法是焦点小组访谈方法，通过对访谈者进行调研，提取访谈的重点语句，进一步确定虚拟社区共创价值的维度构成，为定量分析做好积极准备。

（4）问卷调查法。定量研究中相关概念的测量，关系质量、互动、虚拟社区共创价值的影响关系分析，资源整合对虚拟社区共创价值的影响关系研究，用户体验对虚拟社区共创价值的影响，以及体验质量通过共创价值对行为意向的影响关系和假设模型的验证等所需的数据通过问卷调查收集获得。本研究通过设计调查问卷，运用预调研、正式调研等方法，确定了调研的量表并收集了数据分析所需要的重要数据。

（5）定量分析技术。在检验理论模型及提出的研究假设时，将用到一些数据统计分析方法。本书利用验证性因子分析对数据进行处理和分析；利用结构方程模型（Lisrel 8.70）对假设和理论模型进行验证。

二、技术路线

本研究主要分为三个阶段：理论分析阶段、实证分析阶段、形成结论及撰写论文阶段。研究的技术路线如图 1-1 所示。

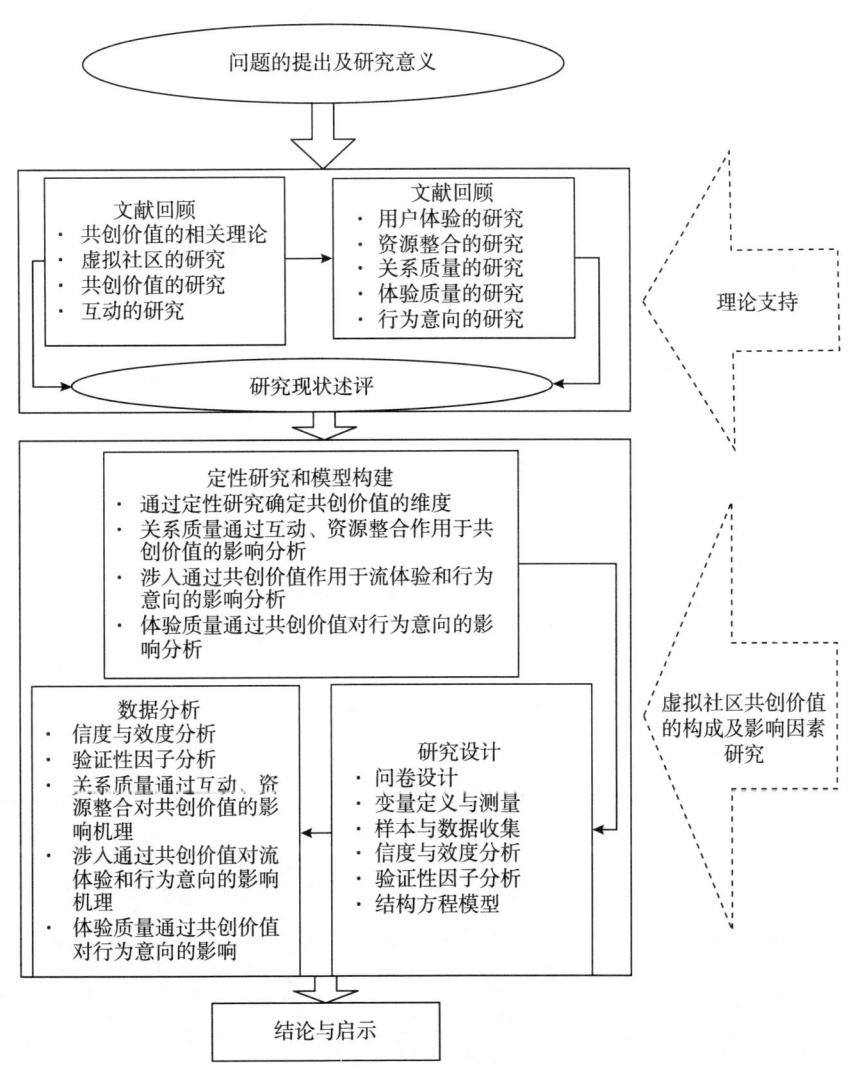

图 1-1　研究的技术路线

第二章 文献综述

第一节 共创价值的理论基础

一、服务主导逻辑理论

服务主导逻辑理论起源于18世纪史密斯对于使用价值概念的提出。史密斯（Smith，1776）最早将价值和价值创造引入经济学的发展和市场交换的研究中。根据他的研究，价值可以分为两种不同的含义——使用价值和交换价值。史密斯（Smith，1776）认为，通过特定技能和知识的使用获得生活所需要的必需品时，使用价值就产生了。他提出的使用价值的概念，正是后来有关服务主导逻辑研究的重点。

产品主导逻辑的研究认为，市场交换的目的是为了创造并通过销售的方式来传递物质（Vargo et al.，2008）。如在公司的生产过程中，通过将公司自身资源和其他公司所获取的资源运用到生产过程中，通过生产创造具有价值的产品，产品的价值体现在产品的市场价格以及顾客对于购买的意愿方面。在产品主导逻辑中，价值是通过产品和金钱的交换而创造的，价值来源于公司所执行的活动。产品主导逻辑进一步强调了包括产品等对象性资源的交换对于价值创造的重要性（Constantin，Lusch，1994；Vargo，Lusch，2004）。在产品主导逻辑理念下，顾客对于价值的创造处于被动接受的地位，在公司主动生产和传递产品的过程中，顾客被动地感知价值。但是，随着21世纪初市场服务的不断提升，顾客已经不再只是价值的被动接受者，他们主动参与服务，对产品和服务进行选择，在服务的过程中主动获取价值。因此，在这样的市场背景下，引起了学术界对于服务主导逻辑理论的探索。

服务主导逻辑提出了所有的交换都是基于服务的，并认为产品只是传递和使用资源的工具，服务的交换是互动的过程（Vargo，Lusch，2004）。同时，他们对于资源进行了划分，产品等属于对象性资源，而知识、技能、关系等属于操作性资源，操作性资源对于价值具有更重要的意义。因此，服务主导逻辑理念提出：价值是来源于操作性资源的使用。从价值创造的角度，服务主导逻辑强调了顾客在价值创造过程中的重要性。顾客已经不再是被动的价值接受者，而是通过与公司、其他顾客、员工、利益相关者的综合努力而共同创造价值。在价值的实现方面，产品主导逻辑强调的是通过产品的传递和交换而实现价值；服务主导逻辑强调的是通过体验和感知等价值决定因素，使用服务而实现价值（Vargo，Lusch，2006）。瓦格和鲁奇（Vargo，Lusch，2008）强调了价值创造中合作的本质，并且将产品作为服务传递的重要方式。在这样的理念下，服务需要整合不同参与体的资源（包括公司的供应链以及顾客的技能和关系等资源）而创造价值。服务主导逻辑强调了所有的社会和经济参与者都是资源整合者，对于价值的创造都具有贡献；在服务提供中，产品和服务都是必要的资源，顾客通过产品和服务的体验可获取价值（Vargo，Lusch，2008）。因此，资源整合、体验可能与价值的产生存在重要联系。服务主导逻辑提出，价值来源于无形和动态等操作性资源的使用过程（Vargo，Lusch，2008）。操作性资源包括：代表性人力资源，包括员工的技能和知识；组织资源，包括控制、规则、文化和能力；信息资源，包括市场细分、竞争者和技术等；关系资源，包括竞争者、供应商和顾客等。服务主导逻辑提出了消费者的中心地位，强调了消费者是设计、生产和消费过程的共同生产者，决定了消费者体验的价值共创。戈尔罗斯（Gronroos，2009）在使用价值的研究中提出：价值创造应该分为三个关键阶段——价值激发、价值共创和单独价值创造。第一个阶段仅包括了供应商，因为他们负责了整个生产过程。这个阶段被称为价值激发，是因为供应商生产了有形和无形的核心服务，并将这些服务提供给顾客进行使用；而顾客仅需要将供应商提供的服务转换为真正的价值。第二个阶段由于供应商和顾客通过互动实现了交换，因此形成了价值共创。这个阶段之所以叫价值共创，是因为在服务中，供应商为顾客的价值产生过程提供了机会，供应商和顾客积极地影响对方而共同创造了价值。而在价值创造的第三个阶段，顾客是独立的价值创造者，供应商仅仅是整个过程的价值激发者（Gronroos et al.，2013）。

在服务主导逻辑下，不可见的、无形的操作性资源成了价值的核心来源；与产品主导逻辑中价值由公司创造并传递给顾客所不同，在服务主导逻辑中价值是由服务参与者参与价值创造网络而实现的（Tynan，McKechnie，2009）。同时，他们还提出：价值创造网络包括关键的资源整合过程以及顾客的服务体验过程，价值创造网络可能有助于实现价值（Tynan，McKechnie，2009）。价值创造是消费者、公司和网络成员的合作，这些合作需要通过互动、对话和沟通协调来进行操作性资源的交换。瓦格等（Vargo et al.，2009）指出：在服务主导逻辑理念下，参与者为获取利益而进行的互动是价值得到共创的源泉。在服务主导逻辑下，服务成了经济交换的基础，使得服务的使用成为价值实现的重要方式（Purvis，Long，2011）；操作性资源能够促进竞争优势和经济的增长，因此被认为是公司的关键资产（Fitzpatrick et al.，2013）。服务主导逻辑关注互动、合作、关系、网络，并且通过参与者的合作形成了价值创造网络，价值创造网络对于价值的实现可能具有重要意义（Fitzpatrick et al.，2013）。因此，服务主导逻辑从理念上强调了资源整合、顾客体验、互动对于通过共创所实现的价值的积极意义，对后续相关研究具有重要研究启示。

（一）服务主导逻辑的内容

瓦格和鲁奇（Vargo，Lusch，2004）提出的服务主导逻辑已成为现代服务研究的重要转折点。瓦格和鲁奇（Vargo，Lusch，2008）提出的10个假设，为价值共同创造的研究提供了重要的理论依据。

H1：服务是交换的根本性基础。

H2：间接交换掩饰了交换的根本基础。

H3：产品是提供服务的分销机制。

H4：操作性资源是竞争优势的根本源泉。

H5：所有经济都是服务经济。

H6：顾客是价值的共同创造者。

H7：企业只能提供价值主张，不能传递价值。

H8：顾客和关系导向的服务中心观。

H9：一切社会和经济主体都是资源整合者。

H10：价值总是由受益人独特地使用现象学方法来决定的。

传统的商品主导逻辑主张把服务定义为无形产品，但在现代服务业发展大环境下，很多的企业不再单纯提供产品，而是把产品作为向顾客提供服务的载体。因此在服务主导逻辑中，瓦格和鲁奇（Vargo，Lusch，2008）重新将服务定义为过程，即：为了其他实体的利益而使用某人的资源和能力的过程。通过对服务的重新定义，商品主导逻辑下的商品和服务之分统一到服务中了。在服务主导逻辑下，所有的经济都是服务经济，企业竞争优势的源泉是操作性资源，如知识、技能、经验等。企业表面上只提供了有形产品，但实质上提供的是服务或解决方案，所有的企业甚至包括实物产品生产企业都成了服务企业。因此，继续区分服务和产品已没有多大意义，应该恢复经济交换的本质——以服务交换服务。

此外，价值不是在市场交换中所实现，而是通过顾客在一定情境下的使用而实现的。企业不能单独创造和传递价值，只有在提出的价值主张得到顾客的认可后才能和顾客共同创造价值。不仅如此，价值共创所需的资源整合者不只局限于企业和顾客，还应包括企业员工、合作伙伴以及利益相关者等。因此，价值不再是在线性的、分离的价值链中被创造，而是在企业、顾客、企业员工、合作伙伴以及利益相关者等组成的价值网络中互动的共同创造。

（二）服务主导逻辑的拓展

企业除了能提供价值主张外，还完全有能力影响顾客的价值创造和共创互动。从价值共创的角度看，企业除了充当顾客价值创造的促进者外，更重要的任务是作为顾客价值的共同创造者，影响顾客的体验和感知，间接地参与顾客价值的创造过程。

企业只有遵循服务主导逻辑才能创造与顾客互动的机会，参与顾客价值的创造过程，成为顾客价值创造的合作者。而顾客不仅可以在自我服务消费过程中，使用可用资源和自己的知识、技能、经验等来为自己创造使用价值，成为顾客价值的主创者，甚至还可以通过企业提供的平台进入企业的生产过程中，成为企业生产的合作创造者。例如，顾客使用通信运营商的自动充值服务：首先，运营商倡导 24 小时全天候的自动充值业务（价值主张），然后提供了自动充值机（资源），顾客在使用过程中遇到问题时，可以拨打免费客服热线进行咨询、获取建议。在运营商的帮助下，顾客再运用自己的知识、技能、经验以及其他资源完成充值服务，以期达到和朋友、亲人保持畅通联系的状态（创造价值）。

（三）服务主导逻辑下的使用价值

在商品主导逻辑下，交换价值是关注的焦点。这个价值是企业赋予顾客的，顾客在使用的过程中可以消费它。而在服务主导逻辑中，使用价值却是关注的焦点。价值创造以及使用价值的概念指出：顾客价值是在资源的使用过程中创造的，通过顾客的主观判断是否在某些方面变得更好，从而在一个互动的使用过程中发生。顾客操作提供商所提供的资源，目的是为了增加顾客自己的福利，达到一个比以前更好的状态。实际上，企业和顾客共同创造的使用价值是以交换价值为基础，在顾客使用产品和服务的时候产生的。而交换价值仅仅是起源于使用价值或者只是使用价值的一项功能或属性。

根据服务主导逻辑，价值是在顾客价值创造过程中的使用阶段产生的，而不是由企业创造和传递的。消费被看作一个生产性的过程，而企业所提供的资源则是顾客自己创造价值的一个至关重要的因素。当顾客购买某些产品或服务的时候，他们主要不是对买什么或者消费什么感兴趣，而是关心所购买的资源经过他们自己的服务活动，从中能获得的积极效用和结果，即获取使用价值。例如，亲自下厨是为了和家人享受团圆的幸福；互赠礼物是为了朋友之间的友谊。顾客使用自我服务活动或其他人提供的服务，从中获取更大的效用并达到更好的状态（钟振东，唐守廉，Pierre Vialle，2014）。

综上所述，学界从概念上提出资源的整合和使用是价值实现的重要过程以及顾客逐渐成了服务的主动参与者和价值的共创者等论点对于后续有关价值共创的研究具有重要的意义。服务主导逻辑理论将使用价值运用到价值创造的分析中，对于共创价值的提出和分析具有积极促进作用。但是服务主导逻辑的现有研究仅仅从概念上认为互动是价值共创的源泉，资源的整合、体验等过程对于价值具有重要性，至于价值共创究竟包含了怎样的过程，价值共创过程中不同因素的逻辑关系以及这些因素对于价值的重要影响都尚未涉及，实证研究更是处于匮乏状态。本书旨在分析互动、资源整合、体验等因素对于共创价值的影响，并揭示非交易类虚拟社区用户的价值共创过程的重要内涵，以进一步明确价值共创过程中不同影响因素和共创价值的重要影响关系。

二、资源交换理论

学界在20世纪70年代开始对资源交换理论进行研究。在资源交换理论的背景下，资源可以从一个人传递给另一个人（Foa，1971）。同时，资源交换理论指出人可以交换六类资源：①金钱，具有交换价值标准的硬币和纸币等；②产品，表现为可见的产品和物体；③服务，表现为人的行动；④信息，包括各种建议、看法、启示和鼓励等；⑤身份，表现为高或低的名望、关注、自尊等评价判断；⑥爱，表现为情感关注、温暖、舒适等的表达（Donnenwerth，Foa，1974）。根据资源交换理论，人际资源比金钱等非人际资源更可能实现资源交换。例如，建议、看法、启示等信息资源更容易通过交换而获得身份和爱等资源。因为在服务过程中，服务的参与者可以依赖彼此，所以通过资源的交换可以发展参与者之间的关系（Johnson，Johnson，Maruyama，1983）。从价值创造方面，学者认为价值创造可能来自包括知识、技术、社会资本和其他复杂的自生资源（Lippman，Rumlt，2003）；也可能来自资源的联合、处置、合并、获取等资源合作过程。资源的交换依赖于一定社会背景下提供者和接收者的行为，如给伴侣做一顿晚餐可以得到另一半的拥抱或亲吻（Coupey，2005）。杜义飞等（2006）认为资本市场通过互补创造价值说明剩余的资源是可交易的，交易能够获取价值，通过资源的交换可以获取更大的价值。而通过参与者意见、知识和其他资源的交换可以促进个人目标的实现，是创新的重要前因（Wong et al.，2007）。通过资源交换，参与者可以综合彼此的看法和能力，解决创新和实际进展中遇到的障碍。资源交换为价值的形成提供了重要前提条件，而社会互动表现为各种资源的接受和提供的过程，提供信息、社交等资源的一方可能从另一方接收到如爱和倾慕等资源。资源交换理论发现：虚拟社区使得用户互动，形成高效的资源交换（Mathwick et al.，2008）；用户的互动行为、对虚拟社区的承诺等情感和社交关注等资源的提供，使用户可以获取信息、社交情感等资源（Chan et al.，2010）。虚拟社区所形成的社交系统激发了各种资源的交换，以满足用户对于资源的需要（Chan et al.，2010）。李等（Lee et al.，2011）发现：在资源交换过程中，情感的交换变得非常重要；金钱的交换很普遍，没有特殊性；而信息的交换具有很强的特殊性。这表明信息、情感等资源交换的重要性。由于非交易类虚拟社区所提供的资源交换平台，并不涉及金钱的交换、实体产品的交换、企业服务人员提供给用户的服务，因此信息和情感资源的交换在非交易类虚拟社区中就成了资源交换的重要方面。

综上所述，资源交换理论将可以交换的资源分为人际资源和非人际资源等，并且从资源合作、企业资源交换的角度来分析资源与价值创造的关系，但是尚未明确资源交换尤其是操作性资源与价值创造的关系。李等（Lee et al.，2011）提出了情感资源和信息资源交换的重要性，但是未涉及在非交易类虚拟社区中信息和情感资源的交换如何激发用户参与使用服务，互动过程中的资源交换究竟对于价值的实现有什么作用等问题。因此，进一步明确资源交换与互动的关系、分析资源交换在价值共创过程中的积极作用，对于明确用户共创价值的形成机制和影响机理具有重要的研究意义。

三、动机理论

米切尔（Mitchell，1982）将动机定位为人们希望和选择去参与某种特定行为的程度。动机还可以是为了实现特定目标而激发的行为（Engel, Blackwell, Miniard，1995）。动机也是一种心理驱动力，使人去执行某种特定行为。以上有关动机的定义都表明动机是一种心理因素，正是这种心理因素激发了人们的后续行为。目前的研究将动机主要分为以下三类。

（1）迪奇（Deci，1975）从人的潜在行为出发，认为动机包括外在动机和内在动机。戴维斯等认为外在动机是指为了获取绩效提升等价值时，感知某种行为具有帮助而承担这样的行为；内在动机指承担某种行为是因为对这种行为本身具有兴趣所产生的心理激发，而并非外在的影响（Davis et al.，1992）。米切尔（Mitchell，1982）也认为动机包括外在动机和内在动机。戴维斯等进一步研究后认为：内在动机指为了获得某种行为本身的愉悦，而执行某种行为的驱动因素（Davis, Wiedenbeck，2001）。夏皮罗等认为外在动机指激发人执行某种行为的外在激发因素（Shapira, Kantor, Melamed，2001）。安格尔等（Engel et al.，1995）支持了迪奇（Deci，1975）的观点，将动机划分为外在动机和内在动机。瑞恩等将外在动机定义为做某事是因为它能引起某种可分解的结果，外在动机行为是被人所期望获取的工具性价值所驱使，因而外在动机行为来源于行为结果而不是行为本身；内在动机被认为是为了获取某种行为本身的满足而进行的行为（Ryan，Deci，2000）。麦斯维克等认为：内在的动机与外在动机不同，内在动机得到的价值是对行为本身的珍惜，而并非行为的工具性结果（Mathwick，Malhotra，Ridgon，2001）。孔等（Kong et al.，2012）也将动机划分为内在动机和外在动机，认为：内在动机是使人参与获取愉悦、自我决定和能力提升等行为的激发因素；而外在动机则是获取工作收获或结果，如金钱、权力和认同等目标的激发因素。

（2）周忠云等（Zhou Zhongyun et al.，2011）从价值观的角度，认为动机可以划分为功能性动机、体验性动机和社交性动机。功能性动机指为实现事先决定的任务，包括购买东西、解决问题、获取信息等的目的性、理性和任务导向的激发因素。体验性动机强调的是为了在行为过程中获得愉悦和放松而引起某种行为的激发因素。与功能性动机相比，体验性动机更重视行为和使用过程本身，而不是事先决定的任务。社交动机指为了获得社交利益，而建立和保持与其他使用者互动的激发因素（Dholakia et al.，2004）。

（3）在电子商务研究中，实用性和享乐性等动机是在线购物的重要影响因素（Arnold，Reynolds，2003；Bridges，Florsheim，2008）。网站用户的实用性和享乐性动机是为了获得人与人之间的帮助、信息获取、方便和愉悦（Papacharissi，Rubin，2000）。安格林等（Angeline et al.，2010）将动机划分为实用性动机和享乐性动机。实用性动机是为了获得功能性利益（Overby，Lee，2006），而享乐性动机是为了获得体验性利益，包括精神享受和愉悦的获取。

对于非交易类虚拟社区中的用户，其参与价值共创的过程必然存在动机因素的影响。一方面，用户参与价值共创是为了获取具有良好质量的信息，即是受到实用性动机或外在动机的影响；另一方面，用户参与价值共创是期望在共创过程中获得愉悦、精神享受等心理价值，因而用户受到了享乐性动机或内在动机的影响。正是由于这些动机因素的影响，激发了用户在平台中建立用户关系，从而通过用户价值共创过程为自身创造价值。

第二节 虚拟社区

一、虚拟社区的含义

虚拟社区最早被定义为形成网络人际关系的网站用户的聚集（Rheingold，1993）。这表明要形成虚拟社区，人际关系的形成非常重要。在此之后，国内外的其他学者对于虚拟社区的定义都提出了自己的见解。费恩贝克等认识到网络中社交关系的重要性，将虚拟社区定义为在兴趣主题的驱使下，重复地在特定网络区域内接触所形成的社交关系（Fernback，Thompson，1995）。哈格尔等认为虚拟社区是以计算机为媒介的空间，强调了人员的聚集和交流（Hagel，Armstrong，1997）。虚拟社区的成员通过建立和维持社交要求（包括社交准则、身份建立等），使得虚拟社区和传统的社区一样重要，能够促进人与人之间的交流和沟通（Fox，Roberts，1999）。尽管虚拟社区的成员并不一定是网站的用户，但很多虚拟社区还是集中于产品的销售和营销兴趣等方面（Kozinets，1999）。因此，科津斯基等把虚拟社区定义为由于对特定消费行为具有共同的热情和知识而在网站上进行互动的消费者群体（Kozinets，1999）。这种互动有助于形成成员对社区的承诺并参与到社区的使用行为中。威廉姆斯等认为共同的兴趣和爱好是虚拟社区形成的重要方面（Williams，Cothrel，2000）。巴戈特等认为虚拟社区是具有社交互动等信息交换功能的社交网站（Bagozzi，Dholakia，2002）。李等认为在社区中交流和互动是在线合作的中心，并且社区参与者决定了虚拟社区的内容和主题（Lee et al.，2003）。古普特等（Gupta et al.，2004）提出：虚拟社区是素不相识而有相似目的的人以网络空间互动沟通为主要手段建立关系、分享知识、享受乐趣或进行经济交易而形成的群体。从古普特等（Gupta et al.，2004）的研究中可以发现，成员参与虚拟社区的目的在于：经济交易目的；以分享知识和乐趣为目的的非交易目的。这为后续对非交易类虚拟社区的研究奠定了研究基础。赵玲等（2009）认为：虚拟社区是在计算机网络环境下，由于参与者之间的互动交流，通过参与者产生社区内容而形成了人与人之间的社交关系的社区空间；在这种社区空间中，成员之间由于相似的兴趣爱好进行群居，并形成网络社交关系。

综上所述，虚拟社区具有以下特征：存在于网络空间中；使用信息技术；由于共同的兴趣和爱好形成交流和互动，并且社区的内容是由成员产生的；虚拟社区可以形成网络人际关系。虚拟社区可以在广阔的网络空间区域内，根据用户的需要、爱好和关系等将用户聚集起来，通过沟通和合作，满足人们对于共同兴趣爱好、社交关系、电子商务等方面的需要。

二、虚拟社区的分类

由于成员的需要不同，使得不同的虚拟社区具有差异性的特点，因此有必要对虚拟社区进行分类和分析。阿姆斯特朗等将虚拟社区分为交易社区、兴趣社区、关系社区和幻想社区（Armstrong, Hagel, 1996）。其中，交易社区集中于交易的需要，社区成员主要为了获取交易信息；兴趣社区是由对特定主题具有共同兴趣和专长的人通过沟通而形成的；关系社区是由具有相似经历的人聚集并形成了有意义的人际关系；幻想社区是通过网络游戏等使人获取幻想体验所形成的社区。在此基础上，卡能等（Kannan et al., 2000）将虚拟社区分为四类：以交易为目的的社区、以兴趣为目的的社区、以关系为目的的社区、以幻想为目的的社区。

（1）以交易为目的的社区主要为销售商和购买者提供交易的场所（Spaulding, 2010），如 eBay.com。为了完成社区中的交易，以交易为目的的社区体现了信任的特征，让社区成员能寻找到对方并信任对方。

（2）在以兴趣为目的的社区（如腾讯微博、网易微博、BBS 等）中，社区成员可以从社区的交流中获取大量有用信息；当一个使用者引起某个话题最初的讨论时，由于部分其他社区成员也具有相同的兴趣，从而在社区中产生了对该话题持续的讨论，由于成员可以得到对该话题的不同意见，这对其具有重要的价值。企业可以通过提倡和建立以兴趣为目的的社区，为成员提供技术、知识以及管理方面的资源；对于社区用户而言，参与以兴趣为目的的社区是为了获得有用信息和享受参与的过程；而对于企业而言，可以获取成员所提供的建议、反馈等重要信息。

（3）以关系为目的的社区主要关注家庭、友谊、商业关系等人际关系，如 MySpace.com 和 QQ 等。在以关系为目的的社区中，使用者的一个重要目的是通过交换获取个人所需要的信息，并且在交流的过程中确保所获取的信息是合适的。由于这类社区中的成员都是以特定群体而存在的，其信息交流要受到群体的限制，故可保证成员间所接触的信息是准确的。通过以关系为目的的社区交流，社区成员可以获取准确的信息并且对社区的发展做出贡献。因此，这类社区还可以创造支持性群体并保证成员关系的稳定和发展。

（4）以幻想为目的的社区表现为成员在社区中获取娱乐和休息，以及参与社区的学习等。这类社区的用户以其在平台上的时间消耗作为对平台资源的提供，促进社区平台的稳定发展。

雷静（2012）则根据虚拟社区成员互动内容将虚拟社区分为三类：以信息共享为主的虚拟社区；以在线电子交易为主的虚拟社区；以拓展社交关系为主的虚拟社区。

本研究借鉴卡能等（Kannan et al., 2000）对于虚拟社区的分类，从是否交易的角度将虚拟社区分为交易类虚拟社区和非交易类虚拟社区。非交易类虚拟社区是包括兴趣社区、关系社区和幻想社区等方面的社区平台。在非交易类虚拟社区中，社区成员参与平台的目的主要是获取信息、社交友谊、乐趣。由于在样本采集方面的限制，本研究主要调研了以兴趣为目的的社区和以关系为目的的社区，并探讨虚拟社区中的互动、资源整合、用户体验、体验质量等因素与用户共创价值的影响关系。

三、虚拟社区的实证研究

切恩等（Chan et al., 2010）研究发现，在虚拟社区中互动可以通过互换行为对虚拟社区的承诺、合作商店等产生影响。吴等（Wu et al., 2010）在虚拟社区背景下研究了用户之间的互动与想法产生的重要关系，发现虚拟品牌社区中的用户与用户的互动不仅可以直接激发用户想法的产生，还可以通过品牌知识间接激发用户的想法。以上研究发现，在虚拟社区中用户与用户的互动可以从心理上激发用户，因此受到了国外学者的关注。

同时，卡塞洛等（Casalo et al., 2010）在虚拟社区背景下，研究了关系质量、社区促进以及品牌忠诚之间的影响关系，发现：社区用户的识别可以通过关系质量的重要维度满意，激发用户的社区促进和社区参与，最终能够影响社区用户对社区品牌的忠诚。这为本书研究关系质量与互动之间的关系提供了重要的理论参考。

随着学者们对虚拟社区的进一步深入研究，他们发现虚拟社区体现的是一种社交环境，因此有些研究者将社会资本理论引入虚拟社区的研究。赵玲等（Zhao Ling et al.，2012）将虚拟社区中的社会资本划分为熟悉度、信任、感知相似性三个维度，认为熟悉度、信任、感知相似性都可以通过社区归属感对用户获取知识的意向和用户分享知识的意向产生重要影响；而用户在虚拟社区中获取知识，是用户使用虚拟社区的重要目的。赵玲等（Zhao Ling et al.，2012）的研究为本书研究用户实用方面的需要提供了重要的理论参考，对于信息或知识的需要可能是用户在社区中获取的重要价值。

与此同时，虚拟社区感作为用户的重要情感因素引起了研究者的注意。虚拟社区感是用户对于通过在线交流进行互动的群体的有关成员、身份、归属和依恋等方面的感情（Blanchard，2007）。赵玲等（2009）通过研究基于社会资本理论的虚拟社区感，发现参与虚拟社区的程度、熟悉、感知的相似性、信任等社会资本维度可以对虚拟社区感产生直接影响。虚拟社区感可以划分为成员影响、整合及需要的满足、情感联系的分享等维度（Abfalter et al.，2012），这些方面成了影响用户使用虚拟社区平台进行在线互动交流的重要感情因素。研究虚拟社区感的维度及其影响因素，为从用户情感的角度分析激发用户的行为提供了重要的理论依据。

而从用户感知体验的角度研究虚拟社区也是虚拟社区研究的重要方面，宁连举和冯鑫（2013）将虚拟社区的顾客体验划分为功利体验、享乐体验、社会体验、可用体验四个维度，并且认为顾客体验可以激发顾客对产品、品牌和企业的态度。王永贵和马双（2013）对于虚拟品牌社区的研究发现，虚拟社区中的互动可以划分为产品互动、人机互动和人际互动；享乐性动机、实用性动机是顾客互动的重要激发因素；顾客互动可以成为从心理满足的方面激发用户的行为态度。

综上所述，在虚拟社区中，用户在平台中的互动是激发用户满意、用户想法的重要因素；信息和情感成了虚拟社区用户在互动过程中传递的重要内容；而用户对于虚拟社区平台的体验也是激发用户态度的重要因素。但是以上研究并未对用户在虚拟社区中所获得的价值进行研究，也未能分析用户互动、用户体验等因素在用户价值创造过程中的重要作用。基于此，本研究拟分析用户与用户的互动、用户体验在价值实现中的重要影响。

第三节 共创价值

帕拉哈拉德和拉玛瓦米（Prahalad，Ramaswamy，2004）、瓦格和鲁奇（Vargo，Lusch，2004）、佩讷尔等（Payne et al.，2009）提出，企业并非独立创造价值并传递给顾客，而是通过互动的方式将顾客引导到价值的共创过程中来，并且通过企业与顾客共创独特体验的过程而形成价值的共创。

服务主导逻辑理念的提出为共创价值理论的研究提供了重要的条件（Gronroos，2008；Vargo，Maglio，Akaka，2008）。鲁奇和瓦格（Lusch，Vargo，2006）对于服务主导逻辑的研究确定了共创价值的定义，认为顾客可以在企业提供价值创造条件的基础上进行价值的共创。而在服务主导逻辑提出以前，价值创造的研究主要是基于波特的再生模型理论，强调价值生产者（供应商）和使用者（顾客）之间的线性价值链（Porter，1985）。在波特的模型基础之上，学者开始研究顾客价值是如何产生的（Mele，2007），认为价值的创造与交付需要经历价值确定、价值创造、价值交付和价值评价等具体的发展阶段（Piercy，1998）。然而，罗曼等（Norman et al.，1995）批评了这一线性思维的做法，并首先聚焦于顾客主动行为角色的研究。服务主导逻辑理念提出后，人们发现顾客在价值共创过程中不再是被动的价值接受者，而是主动参与服务过程，通过价值的共创实现自身需要的价值。顾客在当前变得更加积极主动和富有创造性，因为他们可以与企业或单独地与其他消费者共同创造价值（Pongsakornrungsilp，2010），可以通过不同的生活项目（如消费者授权、消费者抵制、品牌社区、消费部落等）共同构建他们自己的消费行为。由此，共创价值成为营销理论研究的重心。

共创是指消费者和生产者通过双方的合作或以其他方式参与价值创造的过程。目前，学者们主要从三个视角来研究共创价值，即服务主导逻辑理论、有效消费者理论和消费者文化理论（Cova，Dalli，2009；Zwick，Bonsu，Darmody，2008）。共创价值是与使用价值和作为共创者的消费者紧密联系在一起的。贾科勒等（Jaakkola et al.，2013）认为价值的共创是一个合作的过程，并且分为三个相关的层次：第一，个人参与者执行了提供和接受资源的行动，形成了价值创造的背景和过程（Gronroos，Ravald，2011）；第二，通过参与者的互动、合作等关系过程产生了价值的共创；第三，从网络层面看，通过网络状的参与者的资源整合过程使得资源整合成更大的资源群（Gummesson，Mele，2010），通过整合决策形成的资源群对于满足顾客所需要的资源需求具有重要的作用。

在价值共创过程中，顾客是通过企业在提供服务时的协助为自身创造价值的（Storbarcka，Lehtinen，2001）。因此，最初对共创价值的定义只是强调为顾客创造的价值，共创价值中顾客成为企业竞争力的新来源（Prahalad，Ramaswamy，2004）。近期研究则强调企业与顾客共创价值（Prahalad，Ramaswamy，2004），并且顾客是通过消费来决定价值。使用价值的理论进一步超越了交换价值的概念，认为共创价值来源于互动、体验、进化和灵活的服务市场（Tynan，McKechnie，2009）。

与企业创造价值的观点不同，企业与用户进行共创价值的重点聚焦于用户，用户成了推动价值共创过程的重要角色。在共创价值中，顾客的角色从过去被动、孤立和无意识的角色转变为主动、积极参与的角色（Prahalad，Ramaswamy，2004）。共创价值是通过企业与顾客的合作来实现的，通过顾客与供应商所激发的互动产生了价值的共同创造（Lusch，Vargo，O'Brien，2010）。顾客与企业通过多点的互动，在整个服务周期内通过共创顾客体验而实现共创价值。其中，价值创造互动过程包括了顾客以及供应商网络。帕拉哈拉德和拉玛瓦米（Prahalad，Ramaswamy，2004）从体验的角度提出，共创是积极的顾客通过个人体验过程而产生和发展的。以体验为中心的观点认为，体验营销可以为顾客传递感觉、情感、认知、行为和相关方面的价值（Schmitt，2003）。体验还可以传递社会和信息价值给顾客（Tynan，McKechnie，2009），因此体验可以成为价值实现的重要过程。顾客与企业通过互动来促进顾客对于服务的体验，是共创价值形成的重要方面。

从资源的角度进行分析，根据服务主导逻辑的观点，价值的产生是在资源的整合和使用的背景下实现的，企业和用户作为共创价值的双方都参与了资源的投入而促进价值的实现。企业与顾客所投入的资源包括操作性资源

(Johnson, Manyika, Yee, 2005), 如知识、社交等, 以及对象性资源 (如产品)。资源的整合对企业和顾客双方都具有重要的意义, 它决定了价值在使用中是如何产生和确定的 (Vargo, Maglio, Akaka, 2008)。资源整合是价值创造的基础, 在这个过程中, 顾客整合了社交和知识、文化等资源, 并通过企业为顾客提供适应于顾客群聚行为的资源 (如网络平台), 形成了共创价值 (Korkman, Storbacka, Herald, 2010)。另外, 有关学者从能力的角度提出能力对共创价值也具有重要影响, 包括新能力 (服务和客户定制化) 和已建立的能力 (灵活性和传递性), 它们是维持共创价值状况的有力支持 (Zhang, Ye, Chen et al., 2011)。

已有关于价值的研究可以分为产品主导逻辑和服务主导逻辑两个阶段。在产品主导逻辑中, 价值是被公司创造出来并通过产品和金钱的交易分配到市场中。价值是消费者对其消费过程的评价, 并且受到顾客消费经历的影响 (Babin, Darden, Griffin, 1994)。顾客价值被定义为顾客所重视的"获得"与"付出"之间的比较 (Sawyer, Dickson, 1984) 或顾客从产品或服务中所得到的总价值 (Lam, Shankar, Erramilli, 2004)。这是从顾客价值的内在属性角度来定义的。顾客价值不仅存在内在属性, 还体现在顾客对价值的感知方面。从感知的角度来说 (Petrick, 2002), 顾客价值是顾客在感知所得与感知所失的基础上形成的对产品或服务效用的总体评价 (Zeithaml, 1988)。查顿等将顾客价值界定为实用价值、精神价值两类 (Chandon, Wansin, Laurent, 2000)。实用价值是消费者购买结果的延伸, 主要是关于有用性、功能性以及顾客价值目的与结果方面的意义 (Holbrook, 2006)。而精神价值是一个更主观、更个人化的自发反应, 如娱乐、好奇、自我表现都可以认为是精神价值 (Ailawadi, Neslinand Gedenk, 2001)。顾客价值包含实用价值和享乐价值两个维度, 实用价值体现了功能方面的利益, 而享乐价值体现了心理方面的利益 (Gursoy, Spangenberg, Rutherford, 2006)。有关顾客关系管理的研究将顾客价值划分为知识价值和关系价值 (Siu et al., 2013), 体现了顾客在知识和关系等方面需要的重要性。

服务主导逻辑强调在价值共创过程中, 用户是积极主动的价值共创者; 公司不能独立地创造和传递价值, 而是为用户的价值共创过程创造条件。针对价值共创的研究发现, 共创价值是在企业与顾客的相互合作中, 通过互动进行服务和利益的传递来共同创造的价值（Vargo，Maglio，Akaka，2008）。万文海和王新新（2010）根据共创价值发生的领域和消费者在其中的作用，将共创价值分为生产领域的共创价值和消费领域的共创价值。其中，生产领域的共创价值发生在生产活动中，企业是生产活动的主导，而消费者的参与可帮助企业降低成本、提高生产效率，通过更好地提供满足消费者需要的产品而创造价值。格尔罗斯（Gronroos，2009）提出：在消费领域中，消费者将企业提供的产品或服务等资源，与自身和其他消费者所能提供和利用的资源相结合，通过消费活动而为消费者自身创造价值。王新新等（2012）进一步提出消费者审美价值是共创价值中的重要价值，包括感官愉悦、生活意义、重构体验等维度，并可建立消费者审美价值与品牌忠诚的关系。根据以上研究可以发现，共创价值改变了价值创造的传统模式，在虚拟社区中的共创价值由于服务人员并不直接参与用户的互动交换过程，并且不存在经济交易，因而这种共创价值与万文海和王新新（2010）等提出的消费领域共创价值存在明显的差异。

综上所述，本研究将虚拟社区背景下的共创价值界定为：在虚拟社区中通过社区用户之间进行社交关系、知识等资源的传递所共同创造的价值。考虑到在虚拟社区中，用户与用户之间所交换和传递的主要是情感、信息等重要资源，因此本研究将在虚拟社区的共创过程中能够获取的价值拟定为实用价值、享乐价值和用户资产。实用价值体现为用户获取自身需要的信息以及良好的信息质量等；享乐价值体现为用户在价值共创过程中获得的愉悦和精神享受；用户资产是用户对于平台的熟悉、认可和依赖以及感知平台的服务是以用户为中心的。

现有研究仅有王新新等（2012）的研究从消费者审美的角度对共创价值及其组成进行分析，未涉及虚拟社区背景下共创价值的结构维度以及共创价值的影响因素。为了明确虚拟社区背景下共创价值的内涵、共创价值的影响因素与自身的影响关系以及共创价值对于用户行为结果的影响等，就有必要在虚拟社区背景下确定共创价值的维度，并且通过文献分析、实证研究的方法确定这些影响关系。

第四节 互 动

一、互动的含义

共创价值的过程是通过互动联系在一起的，这意味着共创价值的存在和发生必须经历互动的过程（Gronroos，1982）。最早对于互动的研究可追溯到 20 世纪 80 年代互动理论的提出。互动理论是关系营销和服务营销的关键结构，其主要表现形式是企业与顾客的互动和互动营销（Gronroos，1982）。通常情况下，互动是两个或多个互相影响的联系方的相互行为（Gronroos，Helle，2010）。在商业背景下，企业与顾客之间的互动表明了互动双方为了商业目的而进行相互接触，通过接触它们可以对另一方的服务过程产生影响。通过顾客和服务人员在服务环境中的互动，服务人员可以对顾客参与服务过程产生影响，并且顾客对服务人员的行为和建议也会对服务的提升产生影响。在互动的过程中，双方可以通过交流获取对方的信息，并利用这些信息为自身的利益服务。例如，用户可以通过微博平台中的互动获取即时的重要信息，企业可以通过微博平台获取用户对于产品和服务的意见，实现企业和用户的双赢；与此同时，由于共同的兴趣和爱好，用户与用户也存在互动交流，相互之间可以进行信息和情感的传递和分享，并且可以通过在平台中一起参与某项游戏而进行合作交流。

互动作为一个过程是具有目的性的。首先，互动是创造感知价值的手段。互动能够激发用户对于服务和价值的感知，从而与用户感知价值联系在一起。其次，从互动的本质来说，互动通过价值产生的过程作用于价值共创（Gronroos，Helle，2010）。这意味着互动是在企业与用户价值共创实践中，形成和产生价值必须经历的过程，并且互动是共创价值实现需要经历的重要环节。

二、互动的构成

兰杰德等（Langeard et al.，1981）认为：服务传递的过程是在服务过程中的一系列互动过程，由此产生了顾客与服务提供者、顾客与顾客之间的互动。顾客与服务提供者的互动是企业可以控制的；而顾客与顾客之间的互动是企业不能控制的，具有一定的自发性。虚拟社区中的互动类型主要包括用户与用户的互动以及企业与用户的互动，由于企业与用户的互动主要体现为平台服务人员与用户的互动，因此本书将虚拟社区中的互动分为用户与用户的互动以及平台服务人员与用户的互动。平台中用户与用户之间的互动能够为不同的用户提供更多的信息，同时可以从情感等方面影响其他的用户，对于用户的良好口碑具有积极的促进作用；在平台服务人员与用户的互动中，服务人员能够将平台中产品和服务的信息传递给用户，用户也可以就产品和服务的使用过程为平台提供反馈和建议，促进双方更好地满足彼此的需要。

目前，国内外关于互动理论在虚拟社区平台应用方面的研究较少，尚未涉及互动对虚拟社区共创价值影响的研究。本研究通过分析虚拟社区中用户与用户的互动和平台服务人员与用户的互动，可以对互动营销的理论进行探索和扩展。

最早关于用户之间互动的研究来源于活动服务产品模型研究（Eiglier, Langeard, 1977）。研究发现，在一个群体中的顾客可以影响其他顾客对自身服务体验的感知，而服务体验的感知可能影响到顾客的感知价值和行为态度。马廷和普然特（Martin, Pranter, 1989）认为：顾客与顾客互动会对服务体验的满意度产生影响，将顾客与顾客之间的互动同顾客的最终感受和行为联系起来。同时，顾客与顾客互动可以通过环境间接影响其他顾客，以及通过特定的人际互动来直接影响其他顾客（Biter, 1992）。马廷和普然特（Martin, Pranter, 1989）从直接和间接的角度定义了顾客与顾客互动，直接的顾客与顾客互动是顾客之间特定的人际互动；间接的顾客与顾客互动是在不同背景下顾客之间的互动。从服务评价的角度，顾客与顾客互动在服务过程中可能对顾客的评价造成影响（Grove, Fisk, 1997）。顾客对于企业服务的积极评价不仅影响自身对企业的看法，而且可以影响其他顾客对于企业服务的使用以及忠诚度的建立。因此，从用户与用户的互动对评价的影响上，用户的口碑作用体现得非常明显，对用户的行为结果能够产生积极的影响。在顾客与顾客互动的研究中，还可以将顾客作为服务背景的特征来进行研究（Eroglu, Machleit, Barr, 2005）。顾客与顾客之间的相互影响促进了顾客对于服务过程的参与，而顾客的参与进一步对顾客在服务环境中的整体体验做出贡献（Davies，Baron，Harris，1999）。

梅耶等（Meyer et al.，1994）将顾客与顾客的互动划分为物理的互动、智力的互动和情感的互动。这是从互动内在本质的方面对顾客与顾客的互动进行了划分。对于虚拟社区中用户与用户的互动，当用户解决问题和查找信息时，他们的互动体现了任务相关性；而当用户与用户的互动仅仅是作为沟通和情感的交流时，是非任务相关性的，它对用户的情感具有影响。李切尔（Nicholls，2003；Nicholls，2005）将用户与用户的互动按照服务的非限制范围划分为时间、空间、口头行为、信息、帮助和非用户行为六种互动方式，丰富了用户与用户的互动的类别研究。

用户之间在在线平台中的互动是为了获取信息和情感而自发地进行交流。李切尔（Nicholls，2008）认为可以通过在线服务（如在线学习等），将顾客聚集起来，通过用户的聚集能够良好地反映用户与用户之间的互动行为以及所产生的影响。在线平台中用户与用户的互动可以表现为用户与潜在用户之间的互动，以及使用在线服务的两个或多个用户的互动（Nicholls，2010）。王永贵和马双（2013）对于虚拟品牌社区的研究发现，虚拟社区中的互动可以划分为产品互动、人机互动和人际互动，但是他们的研究并没有在虚拟社区背景下讨论人际互动，也没有揭示虚拟社区中人际互动对于价值的影响。

本研究中虚拟社区的互动，既包括了用户与用户的互动，也包括了平台服务人员与用户的互动。在李切尔（Nicholls，2010）研究的基础上，本书进一步完善平台的互动研究，并探讨用户之间的互动、平台服务人员与用户的互动分别与资源整合、共创价值之间的影响关系。

第五节　用户体验

一、用户体验的含义

关于体验的研究，最早有学者认为体验是经济供应的一种方式，可以用于创造竞争者难以模仿的竞争优势（Pine，Gilmore，1998）。通常体验是产生于活动的直接观察和参与中，而受到感觉、心灵和头脑激发的过程

(Schmitt，1999）。顾客体验可以提供感觉、感情、认知、行为和关系价值（Schmitt，1999）。在网络环境中，体验营销的目的是创造可以通过体验提供者补充的体验过程。关于服务业的研究认为，顾客体验是消费者在产品和服务使用过程中的主观反映和情感感受，体验对消费者的服务评价和满意度具有重要的影响（Otto，Ritchie，2000）。古普特等（Gupta et al.，2000）认为当顾客在服务提供者所提供的背景下进行互动时，通过顾客的感觉和知识获取可以产生体验。完整的顾客体验强调了顾客与组织的全方位接触（Harris et al.，2003）。用户体验是来源于顾客与产品、顾客与企业或组织等互动过程，并在这些互动过程中所激发的反应，这种体验显示了顾客在不同水平上的融入度（Gentile et al.，2007）。顾客体验可以在服务过程中产生（Carbone，Haeckel，1994），服务提供者为顾客的情感参与提供了机会（Berry，Carbone，2007）。同时，顾客在购买和接受服务的过程中都会带来顾客体验（Johnson，Kong，2011）。通过服务过程的一系列接触点的互动、涉入可以使顾客获得体验感知（Ding，Hu，Verma et al.，2010）。法雷阿斯等（Farias et al.，2014）进一步认为，顾客体验包括顾客的态度、购买中涉入的水平以及对价值的敏感性等。

随着服务主导逻辑理念的提出，用户体验的研究逐渐延伸到共创的范畴。帕拉哈拉德和拉玛瓦米（Prahalad，Ramaswamy，2004）指出顾客体验包括了顾客与公司共创的特定体验。公司提供了可以用于体验的背景和条件，使得顾客共创了自身的特定体验（Caru Cova，2007）。从共创的角度分析，用户参与公司的产品设计、生产、传递和消费方面的对话和互动，可以促进用户体验的产生。帕拉哈拉德和拉玛瓦米（Prahalad，Ramaswamy，2003）认为，价值创造是通过特定顾客的体验来定义的。体验为用户提供了价值的感知，而用户也通过体验过程形成了价值的满足。企业要为用户创造满意的体验，必须掌握用户在购买过程中的所有线索（Berry，Carbone，Haeckel，2002）。服务主导逻辑下的共创价值研究认为，提供物只有被使用时才具有价值，体验与感知对价值决定非常重要（Vargo，Lusch，2006）。杰恩特等（Gentile et al.，2007）认为：顾客体验是为公司和顾客创造价值的新工具，并且良好的顾客体验必须与人的不同水平一致。沃克特·拉玛瓦米（Verkat Ramaswamy，2008）通过研究耐克品牌发现，共创价值可能会受到顾客体验的影响，表明了用户体验对于共创价值可能存在重要作用。

二、用户体验的构成

杰恩特等（Gentile et al., 2007）认为：顾客体验包括感觉体验、感情体验、认知体验、实用体验、生活方式体验和关系体验等维度。沃霍夫等（Verhoef et al., 2009）将顾客体验划分为认知、感觉、情感、社交、视觉等方面的体验。罗斯等（Rose et al., 2012）发现在线顾客体验可以划分为认知体验和情感体验。宁连举和冯鑫（2013）在虚拟社区背景下，认为顾客体验包括功利体验、享乐体验、社会体验和可用体验等维度，体验对顾客态度具有重要影响。由于在虚拟社区中分享情感以及通过交流而建立平台的友谊关系对于用户非常重要，本书借鉴沃霍夫（Verhoef et al., 2009）和罗斯（Rose et al., 2012）的研究，将用户体验划分为情感体验和关系体验两个维度来研究其与共创价值之间的关系。

三、用户体验的作用

以上有关用户体验方面的研究，已经确定了用户体验的概念，并开始从共创用户体验的角度来理解用户体验的定义。同时对于用户体验的构成方面，国内外学者都进行了一定的探索。对于用户体验与价值之间的关系，鲁奇等（Lusch et al., 2007）从概念上认为体验可能与价值的实现存在联系，但是用户体验是否能影响共创价值尚未有研究进行验证。随着服务主导逻辑的提出，用户体验成了价值共创过程中的重要环节。为进一步探索和确定共创价值的形成和影响机制，本研究认为有必要进一步分析用户体验和共创价值之间的影响关系。

第六节　资源整合

资源整合是将一个参与者的资源融入另一个参与者的过程，包括社会的和文化的过程，以及使参与者成为整合网络的一部分（Gummesson, Mele, 2010）。价值共创过程的产生就是通过参与者根据自身期望、需要和能力来进行资源整合。这意味着从资源的角度，资源整合可能是产生价值的重要过程。早期学者认为通过整合顾客的资源和行为，可以将顾客融入与企业的合作过程中（Kleinaltenkamp et al.，1997）。当企业与顾客在生产过程中进行合作时，他们所创造的价值可以得以增加（Kleinaltenkamp et al.，2006）。根据服务科学方面的研究，共创价值需要进行资源整合（Spohrer et al.，2007）。在产品主导逻辑研究阶段，市场参与者被感知为产品提供者或产品购买者；而在服务主导逻辑研究阶段，生产商和顾客的角色并没有被区分，这意味着价值是通过共创过程实现的；而顾客与生产商在互动过程中通过资源的整合和能力的使用成了价值共创过程的关键（Vargo et al.，2008），在价值共创过程中，所有参与者变成了资源整合者（Lusch et al.，2008），这意味着资源整合在市场交换和价值创造中具有重要的意义。

资源的整合可能满足参与者对资源的使用，从而可能对价值产生激发作用（Mele et al.，2010）。米切尔等（Michel et al.，2008）认为：经济参与者通过产品和金钱以及其他一系列的资源交换可以创造价值。通过资源整合过程，潜在的资源可能满足虚拟社区用户的需要，从而可能在资源使用过程中激发价值。米利（Mele，2009）强调了资源整合的社会文化本质，进一步说明整个价值创造的核心机理在于从多个被期望的参与者中进行资源的整合，从概念上表明资源整合是价值创造过程的重要环节。资源整合可能是价值创造的一个关键影响因素（Mele，Polese，2010）。参与者通过整合他们可利用的资源，从而促进价值创造，最终参与者获取了他们需要的利益。正是由于受自身利益的影响，用户和用户之间积极地进行资源整合以实现价值共创的过程，不同用户由此获取了自身需要的价值。互动可能与资源整合存在重要的联系（Gummesson，Mele，2010）。这使互动、资源整合和共创价值联系成为一个系统的整体，产生和形成共创价值。

伊等（Yi et al.，2008）从技术创新的角度表明了资源整合的重要性，并提出技术创新活动的核心在于将积极的创新参与者（包括顾客、供应商及其他参与者）的资源综合起来。瓦格等（Vargo et al.，2008）对服务系统方面的研究表明，通过整合顾客群、企业、利益相关者群等多个服务提供者的资源，可以为系统成员做出积极贡献。整合需要将一个参与者的资源融入公司的资源中，对于顾客而言就是要将顾客所具有的资源融入企业资源中

（Moeller，2008）。资源整合不仅是从顾客到公司单向的过程，而且是多向性的（Gummesson，2008）。这意味着资源整合是一个系统的过程，企业与用户、用户与用户在进行资源整合后会受到彼此的影响。

巴罗恩等（Baron et al.，2011）对于顾客所使用和整合的资源进行研究，发现非实体的操作性资源在价值共创过程中发挥了重要的作用；顾客的操作性资源包括文化资源、物理资源和社交资源；文化资源、物理资源和社交资源等的整合可能是价值的重要来源。但是，巴罗恩等（Baron et al.，2011）的研究并未能从理论和实证方面揭示操作性资源整合对于价值的影响。与此同时，麦克唐纳等发现顾客整合自身以及其他顾客的资源是为了获取他们所需要的利益（Macdonald et al.，2011），通过资源整合可以形成资源群，对于顾客而言是一种新的价值创造方式（Jaakkola et al.，2013）。但是，他们的研究未能揭示资源整合是否能激发价值的实现。因此为了验证虚拟社区用户资源整合对于用户价值的激发作用，本书对资源整合与共创价值的关系进行了实证研究。

资源整合的过程包括三个方面：资源补充、资源冗余和资源混合。由于不同的参与者具有不同的资源，通过资源的补充可以使参与者获取自身所缺乏的资源，实现价值的创造。资源冗余体现在互动的双方通过持续的对话，形成了对事物的共同理解（Nonaka，Konno，1998）。通过资源冗余的过程，参与者形成了对合作的共同认知，并整合了知识和其他操作性资源（Gummesson，Mele，2010）。资源整合还包括资源的混合过程，将不同参与者的资源进行混合，实现了参与者之间的契合性。而资源混合所实现的契合性正是资源整合的核心（Gummesson，Mele，2010），能够促进潜在价值的产生，最终实现通过资源混合企业与用户之间的共同价值创造。通过资源整合的这些过程，企业和顾客实现彼此的契合，这种契合表明了彼此资源、活动、过程的一致性（Mele，2009；Gronroos，Helle，2010），是资源整合的核心。这意味着当顾客和企业的资源的潜在契合性越明显时，潜在的价值就越大（Andreu et al.，2010）。有效的资源整合意味着在价值创造的过程中，市场参与者的资源、活动、过程实现了一致性，对于价值的实现具有重要意义。

综上所述，目前有关资源整合的研究尚处于理论探讨阶段。在共创价值形成机制中，资源整合对于共创价值的影响关系并未明确。对于资源整合，尤其是虚拟社区背景下用户与用户之间有关社交资源、信息资源等操作性资源方面的整合尚无相关研究，同时在虚拟社区背景下的资源整合与互动、用户共创价值之间的关系也未明确。因此，本研究认为有必要进一步探讨在虚拟社区背景下资源整合与互动、用户共创价值之间的影响机理。

第七节 关系质量

关系质量理论源自关系营销理论和研究（Crosby et al.，1990），目的是增强企业与顾客之间的关系，使不同顾客转变成忠诚的顾客（Berry，Parasuraman，1991）。勒维特（Levitt，1986）认为：关系质量是由产品和服务的增加所形成的买卖双方期望的交换所带来的无形价值。另一些研究者发现：关系质量是支持、强化和补充关系双方的不同部分所组成的复杂理论构想（Dwyer，Oh，1987）。正是基于这种理论构想，关系质量表征了建立关系的双方对彼此关系的评价和接受程度，可用于双方关系好坏的衡量。古莫森（Gummesson，1987）认为关系质量是公司与其顾客的互动质量，而且可以积累价值。耶尔维林等认为，关系质量是关系所实现顾客的期望、预测、目标程度方面的顾客感知和评价（Jarvelin，Lehtinen，1996）。关系质量也被一些学者定义为，满足顾客所形成关系的需要方面的适合程度（Hennig-Thurau，Klee's，1997）。这意味着关系质量表现了关系的积极或消极本质，可以给顾客带来积极的利益。史密斯（Smith，1998）将关系质量定义为关系的结果，以及对两个公司的关系强度的整体评价。关系质量是关系的整体深度和趋势（Johnson，1999）。高的关系质量可以表现为顾客信任企业的发展状况，这是由于顾客对于企业过去的服务一直感到满意（Wong，Sohal，2002）。卡萨洛等（Casalo et al.，2010）通过研究虚拟社区平台，认为关系质量可以表示为虚拟社区中用户对于彼此关系的满意，而满意是关系质量的决定因素。已有的关系质量的定义主要集中于公司与公司以及公司与顾客之间关系质量的衡量，在非交易类虚拟社区中形成关系的主要是不同的用户。对于非交易类虚拟社区而言，不同的用户之间的关系质量是双方对于彼此关系是否能实现其期望和目标的感知。当用户之间具有良好的关系质量时，用户就可能感知彼此的关系有助于实现自身的目标，也就可能促进双方的交流。

满意和信任是关系质量的两个重要组成部分（Dwyer，Oh，1987）。古莫森（Gummesson，1987）认为，关系质量的两个维度是专业关系和社交关系。专业关系基于服务提供者的能力；而社交关系建立在企业与顾客社交互动的基础上。库玛等（Kumar et al.，1995）认为信任和承诺是关系质量的预测因素。另一些学者提出关系质量的维度是满意、信任和承诺（Hennig-Thurau et al.，2002）。摩根等认为信任和满意是承诺的前因（Morgan，Hunt，1994），也有研究提出信任和满意是承诺的关键驱动因素（Hennig-Thurau et al.，2002），信任和满意是关系质量的核心构成维度（Macintosh，2007）。关系质量反映了顾客对于与他接触的人际关系的评价。良好的信任以及关系的满意是表征关系质量的重要因素。对于多维度的关系质量的研究，罗伯特等（Roberts et al.，2003）提出关系质量应该由四维度组成，包括信任、满意、承诺和情感冲突。B2B环境下的关系质量可以划分为四个维度，包括信任、满意、承诺和服务质量（Rauyruen，Miller，2007）。卡萨洛等（Casalo et al.，2010）通过研究虚拟社区平台，发现关系质量的维度仅包括满意一个维度，满意对于虚拟社区中关系的评价具有决定意义。李等（Lee et al.，2012）对于组织方面的研究发现，组织环境下的关系质量包括信任和满意两个维度。金等（Jin et al.，2012）对中国大陆会展行业的研究发现，关系质量可以划分为信任、承诺、沟通、服务质量和关系满意。以上多维度的关系质量都是在存在供应商服务的情景下的维度划分。由于在非交易类虚拟社区中，互动的参与方主要是不同的用户，而虚拟社区都是非实名制的虚拟环境，用户之间的信任和满意就尤为重要。本书借鉴了麦金托什（Macintosh，2007）和李等（Lee et al.，2012）的研究，认为虚拟社区用户之间的关系质量应该包括信任和满意两个维度。

一些实证研究提出，信任是成功服务关系的关键因素（Parasuraman et al.，1985）。在商业合作中，购买商对供应商产生信任时，他会觉得这样的合作关系更为安全，有利于双方的商业合作。同时，信任被认为是进行交换的双方有信心依赖彼此的愿望（Moorman，Zaltman，Deshpande，1992）。当交换的双方具有信任时，双方的依赖性增强，能有效增进双方的关系；并且在交易关系中，信任能够有效降低双方在交换过程中的交易成本。关系营销是建立在信任基础上的（Berry，1995）。这也表明在虚拟社区平台的交流中，信任可能是促进双方沟通和合作的重要因素之一。满意被认为是成功关系的一个关键部分（Morgan，Hunt，1994）。满意被定义为关系双方全面评价所产生的积极情感状况（Lin，Germain，1998）。满意存在于交换当中的社交和经济方面（Geyskens，Steenkamp，Kumar，1999）。卡萨洛等（Casalo et al.，2010）在虚拟社区背景下，研究了关系质量、社区促进以及品牌忠诚之间的影响关系，研究结果表明：满意能够激发用户的社区促进和社区参与，最终能够影响社区用户对社区品牌的忠诚。李等（Lee et al.，2012）对于组织方面的研究发现：公司社会责任是关系质量的前因，而关系质量的两个维度——信任和满意都可以对组织承诺产生重要的直接影响。以上研究表明关系质量在促进人与人的合作方面具有重要的作用，并且在虚拟社区中可能激发用户在社区中的参与行为。激发用户的合作以及用户的积极参与，对于用户之间深入、持续的交流可能存在影响。

由于本书在研究虚拟社区时主要考虑的是用户与用户之间的互动，因而虚拟社区的关系质量主要指用户对于他们之间关系是否能实现用户的期望和目标的感知。由于虚拟社区是由用户共同的兴趣和爱好所聚集形成的平台，用户之间对于彼此关系的满意可能是激发用户之间互动交流的重要因素。另外，当不同用户之间能够信任彼此之间的关系时，可能促进用户之间的信息和情感传递，对于激发用户之间的互动以及互动的结果都可能存在影响。为了进一步揭示虚拟社区中用户与用户互动的影响因素，本书进一步探讨了用户之间的关系质量和平台服务人员与用户的互动以及用户与用户的互动之间的影响关系，为进一步明确虚拟社区共创价值的形成机理做了积极准备。

第八节　涉　入

一、涉入的定义

消费者研究认为，涉入是影响消费者决策的一个重要因素（Engel et al.，1982）。最早提出涉入概念的学者将涉入用于研究"社会事件中个人态度的问题"（Sherif，Cantri，1947）。直到 1965 年，涉入才被人们从广告学领域引入营销学领域（Krugman，1965），通过对消费者涉入程度差异的假设来解释电视广告对消费者产品感知、产品态度以及产品购买行为的影响。营销领域的研究者们在多个方面使用涉入理论，包括对购买行为的预测等（Bloch et al.，1981）。从目标导向的角度，涉入被认为是基于目标导向的动机状态，人因长期参与而对某个事件形成的依恋（Bloch，Bruce，1984），是反映产品和服务对顾客的重要性和个人相关性的主观心理（Zaichkowsky，1985）。顾客涉入能够反映品牌忠诚、品牌区别、产品选择和购买决策的水平。20 世纪 80 年代，赛林等（Selin et al.，1988）将涉入引入休闲领域，将自我涉入和休闲结合起来。休闲涉入在本质上是一种对休闲活动的态度，这种态度的持续虽然只有较短的时间，但可以成为休闲者持续参与的动力。休闲涉入是休闲活动带给参与者的意义、重要性和攸关程度，可以解释参与者的休闲决策及决策的过程（Wiely et al.，2000）。哈维茨等（Havitz et al.，1990）发展了涉入的概念，认为休闲涉入是介于个体与休闲活动、休闲目的地、休闲装备之间的一种兴趣、激励和动机的心理状态，在具体的时间点上表现为重要性、愉悦价值等知觉感受。从信息的角度，信息涉入度是消费者对感知到的产品信息的注意、理解和精细加工的程度，当信息涉入度高时，消费者会比较理性、客观地对待信息本身。涉入度是以个人基于利益、目标和需求而与感知对象的相关性，在消费者购买决策中起关键作用，不同的涉入目标和过程会导致不同的反应。

为了进一步将涉入引入营销的研究，奥尔森提出涉入是消费产品和服务的过程中难以察觉的动机、激励和兴趣（Olsen，2007）。为了更深入地分析涉入，研究者将涉入分为三个角度的定义——认知角度、个人角度和反应角度（Laaksonen，1994）。在认知角度方面，涉入被认为是产品和行为的感知个人重要性和相关性，这建立了个人和产品或行为的心理连接。从个人的角度，涉入并不要求存在个人相关性和核心价值观的激发，而是关注个人和他们行为的内在倾向性。从反应角度，认为涉入与信息过程有关。从消费者行为的角度，涉入应该具备以下条件（刘建新，刘建徽，2010）：首先，涉入的本质是自我相关性，即顾客认为消费与其自身相关联的程度，并由此引发的个人努力行为；其次，消费涉入的诱因是"内在需要或外在刺激"，内在需要包括潜在需求、价值观和兴趣等，外在诱因包括情境刺激、价值比较、消费攀比等；最后，涉入表现为"无法观察到的激发、激励和兴趣状态"，如信息搜寻过程或做出决策等。

从品牌的角度，品牌涉入被认为是消费者为做出正确的消费选择而对拟选购品牌感兴趣的程度，并且其对拟选购品牌涉入程度的高低和持久性会影响其购买决策（Mittal，Lee，1988）。在个人涉入量表的基础上，品牌涉入的研究重新构建了品牌涉入量表，认为品牌涉入量表应当反映消费者关注使用频率、知觉品牌差异、品牌比较、关注相关产品文章、注意广告和品牌承诺等情况。

二、涉入的维度

贝蒂将涉入细分为三个方面：广告涉入、产品涉入和购买决策涉入。其中，产品涉入指产品因为与消费者的需求和价值观念相关联而在其心目中占据重要地位，并引发不可观察的动机和兴趣（Rothschild，1984）。购买决策涉入指在购买过程中，被特定的购买需要所激发的关注程度和兴趣（Beatty et al.，1988）。较高程度的经济和时间关注往往能够形成高水平的购买决策涉入。也有学者将涉入分为三类：个人涉入，激发人进行某项行动的内在兴趣、价值观和需要；物质性涉入，产生差异化并增加兴趣的行为特征；情境涉入，一些暂时性增加行为相关性和兴趣的因素（Zaichkowsky，1985）。顾客涉入可以用五个角度来进行测量，包括感知重要性、愉悦、感知价值标志和品牌化、感知风险或误购的反面结果、误购的主观倾向性（Laurent，Kapferer，1985）。以涉入的本质进行分类，情境涉入反映了消费者在特定情境下购买或选择产品时对某件事物的短暂性关注，当消费者在特定情境下知觉风险提高了，就会产生情境涉入；持续涉入是指个人对于事物持久性关注；反应涉入是情境涉入与持久涉入结合或互动之后所产生的一种状态，当消费者在做一个购买决定时，如果所面对的问题很复杂，反应涉入因为结合了情境涉入和持久涉入而对产品购买决策提供了最佳的解释。学者将涉入进一步划分为三个维度，重要性和愉悦（吸引）、自我表达（身份和社交联系）、中心性（生活方式）。在休闲研究领域，休闲涉入的维度包括三个方面：吸引力、自我表达、核心的生活方式。

最早将涉入度结构引入旅游购物者分类的学者,检验了旅游购物者的购物涉入度与社会人口统计特征、推拉因素以及旅行中购物的时间和金钱花费的关系,并将旅游购物者划分为高涉入度、中涉入度和低涉入度三种。消费者若认知到某产品对自己非常重要,他就处于高涉入状态,而高涉入状态将会驱使消费者主动并积极地搜寻产品相关信息,认真思考并比较品牌间的差异,以便做出最符合需要的决策;低涉入者在信息搜寻上则显得消极而被动,不太愿意花太多时间去思考信息内容和比较品牌差异,对信息的评估过程也较为简单,在购买决策上并不追求最佳的购买决策,只要产品达到一定水平就可接受(Flynn,Goldsmith,1993)。在网络研究中,高涉入度和低涉入度被定义为浏览网站的在线顾客的心理目标(Park,Lee,Han,2007)。高涉入度的顾客在浏览网站时,具有特定的以目标为导向的倾向性,如他们希望获得特定的产品、服务和信息。因为具有强烈的目标导向,这些顾客在网站浏览中会直接搜索特定的信息以实现他们的目标,他们会忽略网站中与他们目标不相关的其他信息,这减少了购买的不确定性。因此,高涉入度的顾客的满意主要依赖网站的信息价值和购买用途。相反,低涉入度的在线消费者并没有浏览网站的特定目标,主要是为了愉悦和享乐(Wolfinbarger,Gilly,2001)。他们在浏览网站时并没有特别的方向,也不会关注特别的信息,他们希望在网站浏览中获得内在的满意。旅游涉入的研究又将涉入分为生活方式、自我表达和吸引等方面(Loureiro et al.,2013)。生活方式表示的是人的社交网络围绕某项活动的程度,如某些活动、产品和体验对人的重要性等。自我表达是人通过情境和旅游活动来表达自我的概念和个性。吸引是指活动和情境的感知重要性,以及从参与中得到的愉悦。

三、涉入的作用

在营销研究中,阿罗拉(Arora,1995)分析发现价格、顾客涉入、服务质量和转换电话服务及汽车保险意向的关系。当转换行为会导致低的价格和高的服务质量时,高涉入度的群体具有较高的转换企业的意向。在消费者研究领域,顾客在购买决策中的涉入水平影响着他们的行为,如满意和忠诚(Novak et al.,2000)。顾客涉入的水平越高,他们越需要详细的产品和服务信息,他们在选择产品时付出的努力越多,越会引起积极的满意。研究认为顾客满意和忠诚的关系能被涉入水平所调节。与高水平的涉入相比，低水平的涉入能够对满意和忠诚的关系产生积极调节。霍金斯等认为，涉入受到个人、产品以及情境特性等交互作用的影响（Hawkins，2001）。苏和伊（Suh，Yi，2006）也认为顾客满意和忠诚的关系能够被涉入水平所调节。在旅游研究领域，涉入能够调节顾客满意、忠诚和转换意向的关系；涉入对顾客满意与忠诚的关系具有调节作用；涉入对顾客满意与转换意向的关系具有调节作用；涉入对忠诚与转换意向的关系也具有调节作用。在消费情境下，涉入还被认为对购买态度和购买频率的关系具有调节作用。当顾客对于企业提供的产品特征（环境支持）的涉入程度越高时，顾客购买产品的态度就越积极；购买产品的态度越积极，就可能导致顾客重复购买产品的频率越高。顾客涉入被认为对感知服务绩效具有积极的影响，并且共同生产的水平在顾客涉入和感知服务绩效的关系中具有调节作用（Cheung，To，2011）。在酒店的情境下，涉入分为自我表达和以生活方式为中心两个维度，并且涉入对放松和愉悦具有积极的影响（Loureiro et al.，2013）。在食品生产的情境下，涉入也被认为对价格和质量的感知具有直接影响（Campbell et al.，2014）。在网购情境下，涉入被认为在区别性公平、程序性公平、信息性公平与满意的关系中具有中介效应作用（Gohary et al.，2016）。宋等（Song et al.，2016）研究提出了顾客涉入在服务提供和短期价值的关系之间具有调节作用，并且发现顾客涉入在以产品为中心的服务与经济价值和技术价值的关系中具有正向调节作用；顾客涉入在以知识为中心的服务与经济价值和技术价值的关系中具有正向调节作用。

郭晓凌（2007）对品牌的研究发现，消费者产品涉入程度对消费者的品牌敏感具有正向的影响。吴剑琳等（2011）通过实证研究，提出产品涉入度与品牌承诺的关系，发现产品涉入度对情感承诺和算计承诺的积极影响。余勇等（2013）对于休闲旅游的研究发现，休闲涉入对休闲效益和幸福感都具有正向的影响。王德胜等（2013）以虚拟社区为研究背景，将虚拟社区涉入划分为两个维度，包括虚拟关系和虚拟社区依赖，将负面网络口碑强度划分为口碑数量、口碑可信度和口碑再传播意愿三个维度；虚拟社区关系对负面网络口碑数量具有正相关作用，虚拟社区依赖度对负面网络口碑数量具有正相关作用，虚拟社区依赖度与负面网络口碑可信度具有正相关作用，虚拟社区依赖度与负面网络口碑再传播意愿具有正相关作用。周健明、郭国庆等（2015）研究了网络负面谣言、品牌涉入和品牌信任的关系，发现品牌涉入在网络负面谣言和品牌信任的关系中具有调节作用。

第九节　流体验

一、流体验的定义和结构

最早的流体验理论认为，流体验是人们感觉他们完全参与某项活动而得到的整体性体验（Csikszentmihalyi，1975）。流体验还被认为是从给定的情境下，人们从挑战和技能中获得的最佳体验、最好的感觉以及最有趣的体验。流体验是一种心理状态，表现为一种内在的、愉悦的最佳体验，它能够导致用户强烈的参与、感觉不到时间的流逝、失去自我意识、动机的提升等。流体验的提出使得它被运用于多个学科，包括心理学、营销、信息系统、在线游戏和教育等学科领域。流体验理论还被用于分析用户的内在享乐情感（Csikszentmihalyi，1990），成为网络平台满足用户的享乐需求的重要基础。在技术使用和采纳研究中，流体验理论被用于分析和认识用户的行为。流体验被定义为人沉浸在某种事情时而忘记其他所有事物的状态，并且体验的过程是愉悦的，尽管人们获取它要付出一定的代价（Csikszentmihalyi，1990）。流体验包括八个维度：技能和挑战的平衡、明确的目标、感知控制、关注、行动和认知的结合、时间扭曲、自我意识的缺失、自动出现的体验（Csikszentmihalyi，1990）。当用户在进行某项行动时，挑战和技能得到平衡就容易发生流体验；用户会将精力集中于这项行动；这项行动具有明确的目标；行动能够立即给予用户反馈；这些通常能够提高用户对这项行动的关注度。当用户经历流体验时，对某项行为的参与很深入并且不费力气；愉悦的体验让用户感觉自己能够控制这项行为；感觉自己不存在一样；最后没有意识到时间在流逝。这些综合起来就形成了强烈的愉悦感觉。

流体验是人感觉在认知上很高效、得到激发和快乐；在这样的情况下，人们完全沉浸在他所从事的事情上。流体验是当用户浏览网络环境时，所发生的认知状态（Hoffman，Novak，1996）。根据流体验理论，由于人的动机是内在的；因此流体验这种最佳体验是从电脑环境下通过人机互动、满意和行动获得的（Csikszentmihaly，1997）。关于流体验产生过程和相关特征的分析，社区成员互助时所形成的一致性目标和共同投入的努力会使其产生许多潜意识行为，如沉浸其中、忘记时间，从而提升用户的流体验。陈等（Chen et al.，1999）将流体验定义为：当一个人参与一种行为并且完全融入、专心和享受其中，体验其内在的兴趣，同时产生扭曲的时间感，这就形成了流体验。流体验在多种学术研究中被作为理论基础。例如，研究者在分析人们为了获得内在需要所进行的游戏时，会进行流体验的分析。学者认为基于目标的体验设计能够创造引人入胜的体验，基于流体验可以进行测量和分析（Csikszentmihalyi，2000）。在研究工作情境时，外在的经济收益被认为是员工参与的主要促进因素（Nakamura，Csikszentmihalyi，2002）；而流体验被认为是最佳体验的一般表现，是游戏和工作情境中形成的非常好的现象。流体验可以是引起顾客对品牌和组织、长期浏览网站、增加学习绩效和积极影响的积极态度的最佳体验。与很多基于情境的体验类似，流体验可以影响顾客的满意度和未来的行为，当用户处于流体验状态时，会完全沉浸在行动中，意识会因为这项行动而受到影响，会失去自我的意识，但能够感觉控制了环境（Hsu，Lu，2004）。任俊（2009）认为流体验产生的条件之一是个体从事的活动要有明确的目标，个体清楚自己要做些什么，并从中得到些什么；流体验的产生还取决于个体自身的特点，个体的相关知识和情感倾向对流体验的形成具有正向影响。

在流体验的结构研究中，最早的学者认为流体验可以分为四个维度：控制、精神集中、好奇、内在的兴趣等（Trevino，Webster，1992）。瓦伯斯特等（Webster et al.，1993）进一步研究了流体验，发现流体验可以分为精神集中、内在兴趣和好奇三个维度。流体验可以包括高水平的技能和控制、高水平的挑战和鼓励、关注、内在的愉悦，并且能够被互动性和忘记自我所影响（Hoffman，Novak，1996）。流体验的结构研究引起了更多学者的注意。艾嘉将流体验划分为五个维度的结构，包括好奇、控制、忘记了时间的流逝、沉浸和关注、愉悦的提升（Agarwal，Karahanna，2000）。另一些学者通过对在线消费者的购买行为进行调查，认为流体验由感知愉悦、专注和感知控制组成（Koufaris，2002）。在中国市场背景下研究信息管理服务，学者发现APP使用者的流体验包括感知愉悦和专注两个维度。胡苏和鲁（Hsu，Lu，2004）对流体验的研究提出多维度的流体验结构，包括控制、关注、愉悦、好奇心和内在兴趣等维度。赫斯曼等研究发现，流体验可以分为四个维度，包括感知控制、关注、兴趣和好奇心（Hausman，Siekpe，2009）。郭和普尔（Guo，Poole，2009）使用六个维度来测量流体验，包括关注、感知控制、时间转换、行动和意识的结合、超越自我、目的在于自身的体验。李和陈（Lee，Chen，2010）认为流体验应该包括愉悦、关注、忘记自我三个维度。周和鲁（Zhou，Lu，2011）进一步分析了信息管理用户行为，发现流体验可以由感知愉悦和关注两个维度构成，并且感知愉悦反映了用户在使用特定的产品时体验的愉悦和快乐的程度。周（Zhou，2013）进一步研究流体验，提出流体验应该包括愉悦、感知控制和关注三个维度。赵保国和成颖慧（2013）认为用户在网络环境下产生的流体验应该包括感知愉悦、感知控制和精神集中度等维度结构，既表现在用户对其所处的社区环境和行为的高控制水平，也表现在社区活动参与过程中所带来的娱乐、享受、忘乎所以的感知体验。杨水清等（Yang Shuiqing et al.，2014）在网络用户的研究中，将流体验划分为愉悦、专注、时间扭曲和忘记自我四个维度，来分析流体验与网瘾和探索性行为的关系。愉悦指的是某项行动的愉悦程度而不是可能的结果；专注反映了用户在使用网络时的专注状态；忘记自我表示用户在虚拟环境的互动过程中忘记了自我存在的那种状态；时间扭曲表示的是用户在网络的使用过程中，忘记了时间在流逝，从而感觉时间过得非常快的状态（Novak et al.，2000）。对于社交媒体使用的研究中，皮利特等（Pelet et al.，2015）进一步分析了远程监控对于流体验的重要促进作用，并且将流体验划分为愉悦、专注、挑战、控制、好奇五个维度，分析提出了远程监控通过流体验对时间扭曲和社交媒体使用频率的重要作用。

二、流体验的作用

过去的研究一般认为流体验是描述人和电脑互动的重要概念。因而，流体验被广泛地运用于在线情境中，如网上银行、在线游戏以及移动网络。研究者指出，流体验是决定用户在线行为的重要因素；流体验的影响因素包括技能、挑战、互动、存在等；流体验的结果是学习的增加、态度和行为的改变。

研究者们发现流体验能够引起特定的行为结果，当人经历流体验时可以产生较高的满意度和忠诚度。消费者在在线购物环境下经历流体验时能够进行非计划的购买（Hoffman，Novak，1996）。流体验被认为是网络购物和社交网络游戏中影响消费者行为的引人入胜的"体"（Koufaris，2002）。科法瑞斯在整合流体验理论和技术结构模型的基础上，构建了一个研究模型，使用控制感、购物愉悦性以及精神的集中作为网络购物流体验的构面，发现：产品涉入度、网络使用技能、增值搜索机制和挑战等会影响消费者的流体验，而流体验会影响非计划购买行为，并且流体验又会与感知有用性、感知易用性共同影响消费者的重复购买意向。因此，他提出：消费者对购买产品的涉入程度、网站使用技能、网站增值服务以及使用网站功能的挑战等都会影响消费者的流体验；流体验越强，消费者的再浏览意愿越强。黄等（Huang et al.，2003）从网站特性的角度研究了消费者的流体验，发现互动性和新颖性这两种网站特性会对消费者的流体验产生重要影响：网站互动程度越高，使用者越容易产生流体验；网站内容若能提供给使用者更多新奇、新颖的信息和知识，使用者的专注程度就会提高，越容易产生流体验。

顾客在经历流体验这样引人入胜的体验后，会充分地参与到社交化商务网站的互动中，并倾向于在虚拟环境下购买商品（Animesh et al.，2011）。流体验还被用于在不同的情境下分析它对用户行为的影响，包括行为和持续意向、态度、忠诚、依恋和在线黏性等（Wu et al.，2010）。消费者经历流体验时会倾向于参与社会化商务行为（Zhang et al.，2014），并且会影响顾客的购买意向。消费者在虚拟网络环境下得到良好的体验时，会在社会化购物网站中花费更多的购物时间和金钱。刘等（Liu et al.，2016）发现感知专业性、感知相似性和感知熟悉度与流体验、购买意向之间存在重要影响关系，感知专业性、感知相似性和感知熟悉度能够通过流体验影响购买意向，流体验在感知专业性、感知相似性和感知熟悉度与购买意向的关系中具有中介效应作用。

第十节　体验质量

关于体验质量的定义，最初尼尔（Neil）认为体验质量是服务机械装置的整体质量，通过 IP 网络保证了听觉和视觉方面的传递。也有研究者将体验质量定义为使用层所展现的用户感知体验（Siller, Woods, 2003）。体验质量还被帕特里克（Patrick）等人定义为人与环境互动时所具有的人的知觉、感知和观点等特征。这些特征可能是愉快的，也可能是令人沮丧的。在旅游行业的研究发现，体验质量是顾客参与旅游行为的心理结果（Chen Ching – Fu, Chen Fu – Shian, 2010）；体验质量包含了企业的机会，也包括了游客所带来的机会。因此，他们将体验质量定义为游客对他们期望的社会心理利益的情感反应。在 B2C 背景下，顾客体验质量被定义为顾客对于体验的良好程度或优势的感知评价（Lemke et al., 2011）。本书借鉴（Lemke et al., 2011）的研究，将虚拟社区中用户的体验质量定义为用户对在线体验的良好程度或优势的感知评价。

体验质量可以划分为四个维度，包括享乐、安心、参与、认知（Otto, Ritchie, 1996）。享乐包括兴奋、愉悦、值得留念等情感反应；安心主要是指对于物质的和心理的安全和舒适的关注；参与是指在服务提供下的选择和控制的欲望，以及在相互合作下得到学习；认知相关的是情感的重要方面和自信心。考等（Kao et al., 2008）将体验质量划分为沉浸、惊讶、参与和有趣四个维度。沉浸是指当顾客参与消费过程时，引起他们忘记时间、重视消费过程而不是消费结果的状况；惊讶指感知的新鲜、特殊和独特性；参与指的是顾客与服务的互动；而有趣指的是顾客感知的幸福和愉悦。由于虚拟社区与传统的服务环境存在不同，本研究在综合以上体验质量维度的研究基础上结合虚拟社区的特征，使用复合维度的体验质量来测量其与共创价值的关系。

第十一节　行为意向

行为意向是参与特定行为的可能性，是用户未来行为的重要揭示因素。

根据计划行为理论，行为意向可以激发未来行为（Ajzen，Fishbein，1980）。奥利弗将积极的行为意向定义为在未来重新购买和提倡某种产品或服务的深刻的承诺，并可以引起顾客忠诚（Oliver，1997）。同时，行为意向被认为是顾客继续使用公司服务或转向其他供应商的标志（Zeithaml et al.，1996）。因此，行为意向是预测顾客未来行为趋势的重要变量。顾客具有良好的行为意向时表现为：对公司的产品或服务进行积极的评述；将公司的产品或服务推荐给其他顾客；对公司的产品和服务保持忠诚；更长时间使用公司的产品或服务；愿意花最大的价格来使用公司的产品或服务（Zeithaml et al.，1996）。这意味着促进顾客良好的行为意向与顾客忠诚存在密切联系。由于行为忠诚比较难以表达和测量，很多研究使用行为意向的测量来代表顾客忠诚（Yang，Peterson，2004）。因此，现在很多研究使用包括重复购买和推荐意向的行为意向测量来代表用户忠诚。

关于行为意向构成方面的研究，李等（Lee et al.，2001）认为行为意向可以分为重复购买和推荐行为两个维度，重复购买表示顾客持续购买公司产品和服务的意向，而推荐行为是指顾客以口碑的形式将公司产品和服务推荐给其他顾客，而进行公司产品和服务的传播。有关高尔夫市场的研究，将顾客的行为意向划分为重复游览和口碑沟通两个维度（Hutchinson et al.，2009）。许月恒等（2013）对于工业服务市场的研究，提出工业服务市场的客户行为意向包括重复购买意向和口碑等两个维度。本研究借鉴许月恒等（2013）的研究，并结合虚拟社区用户的行为特征，将行为意向划分为重复使用意向和口碑两个维度，并分析体验质量、共创价值和行为意向之间的影响关系。

关于行为意向的影响因素方面的研究，学者们认为感知价值和满意都可能是行为意向的直接前因（Cronin et al.，2000）。巴宾等（Babin et al.，2005）提出感知价值和满意对积极的口碑沟通具有积极和重要的影响。也有学者预测价值可能是重复购买意向的一个重要影响因素（Haemoon，2000）。因此，从共创的角度进行分析，共创价值也可能是行为意向的重要影响因素。

以上文献对行为意向的定义以及行为意向的维度进行了一定程度的探讨，但还未涉及虚拟社区中行为意向的维度以及影响因素的研究；仅预测感知价值可能对行为意向产生影响关系，但对于共创价值与行为意向的关系尚不明确。由于用户通过共创所获取的价值与感知价值存在一定程度上的差异,探讨共创价值与重复使用意向和口碑的关系就具有重要的研究意义。因此,本书将行为意向划分为重复使用意向和口碑,并进一步分析了体验质量、共创价值和行为意向之间的影响关系。

第三章 定性研究

第一节 文献分析与归纳

在虚拟社区中,平台和用户通过价值共创过程能够为平台和用户创造价值,但是在价值共创过程中究竟能够共创哪些价值形态,目前的文献还缺乏相关研究。本书对共创价值进行系统的理论和实证研究,并探索不同类型的共创价值以及它们对用户行为结果的影响。通过对文献的理论分析,本书提出在虚拟社区中,平台和用户共同创造的价值形态包括:实用价值、享乐价值和用户资产。这进一步完善了共创价值理论研究,也进一步拓展了现有的虚拟社区研究。

一、实用价值

霍布鲁克(Holbrook,1994)将价值定义为是由对象与实体的互动所创造的。进而学界研究发现:用户价值具有相关性,因为用户价值包含了对实体的倾向性。因此,价值是具有比较性、人为性和情景性的。价值被定义为评价过程的结果(Holbrook,1994;Zeithaml,1988),用户被认为是在评价产品和情况的基础上的价值增加者。价值不仅是用户通过评价而产生的结果,也可以是用户获取某方面需求是否满足的衡量标准。顾客与企业通过共创是为了获取和实现使用价值,在产品和服务使用的过程中首先体现的就是在实用方面的价值。而在虚拟社区中,用户与平台、其他用户之间进行共同价值创造,也是为了实现其在实用方面的利益。

在虚拟社区平台中，用户与平台服务人员、其他用户之间进行互动的一个重要目的就是获取实用方面的价值。用户积极地参与虚拟社区平台的互动主要可能是为了创造用户所需要的功能性价值。实用最初是用来解释用户对于理性方面的需要（Bettman，1979），一些学者从服务的使用方面来分析实用价值，认为实用价值是与服务使用的有效性和效率相关的（Venkatesh，Brown，2001）。当虚拟社区的用户在服务的使用方面感觉越有效，用户对于服务的感知就越强烈，因此其获取的实用价值就可能越高。

对于虚拟社区而言，平台提供给用户的是服务的使用，通过对服务的使用而获取自身需要的实用价值。巴宾等（Babin et al.，1994）研究认为，顾客从购物体验中获取的实用价值能够取得对产品购买的持续性目的。用户可能在虚拟社区中获取信息、知识等实用价值，良好的信息质量能够满足用户的实用性需要，解决用户在工作、生活方面的需求；而且在虚拟社区中高效率地获取实用价值，能让用户对于平台的服务产生良好的感知；当用户获取的信息质量较高时，对于虚拟社区用户的行为意向可能产生良好的促进作用。已有研究发现实用价值是推动行为意向的一个关键性因素（Hong，Tam，2006）。对于虚拟社区而言，实用价值与用户的行为结果也可能存在重要的影响关系。在特定的情景下，实用价值与忠诚具有积极的联系（Jone et al.，2006）。由于在虚拟社区中激发用户行为意向和忠诚的重要因素之一可能是用户在实用利益方面的满足，因此，本书认为虚拟社区中的实用价值可能是共创价值重要的构成维度之一。

同时，学者们又在顾客价值的研究中发现，实用价值是对功能利益和代价的整体性评价。当虚拟社区中的用户对于平台所感知的功能利益具有良好的评价时，其更可能获取良好的实用价值。从在线购物方面看，实用价值与特定目的的使用相关（Hoffman，Novak，1996），而这种特定目的的使用必然包含对功能利益的需要。当虚拟社区的用户经历了平台的使用后，用户会对使用过程所获得的功能利益进行评价，而对功能利益的评价可能引发对用户态度的影响。实用价值不仅包含了态度的认知方面，而且包括了方便性的评价（Teo，2001）。对于实用方面的评价也来源于对产品和服务的功能、认知等本质的评价，包括顾客对产品和服务的工具性期望的实现等（Ryu et al.，2010）。正是由于虚拟社区的用户存在对产品和服务等工具性方面的期望，用户的整体性评价就非常重要。良好的评价对于核实用户所需要的功能、认知等利益具有重要的作用,因此,实用价值在平台与用户的价值共创过程中是重要的价值维度,有必要纳入共创价值的理论研究中。

二、享乐价值

在微博、微信、社交网站等虚拟社区中,用户使用虚拟社区不仅要获得功能性方面的实用价值,更需要获得用户心理方面的价值。随着虚拟社区平台的不断发展,用户通过平台的使用不仅是为了获取其需要的信息或知识等实用利益,更希望通过平台的使用满足愉悦、情感等心理方面的需要。心理需要的满足对于用户的行为和态度是非常重要的,因此本书认为享乐价值可能是共创价值的一种重要价值形态。

市场营销研究在不断发展过程中逐渐从最初重视实用利益而转变为对实用和心理利益同等重视。关于享乐价值方面的研究,最初的学者主要在顾客消费方面进行分析。在消费过程中,顾客不仅要获得功能性方面的需要,更重要的是顾客需要在消费中寻求快乐、感觉的激发以及精神方面的享受(Hirshman,Holbrook,1982)。顾客非常看重自己在消费中的行为是否具有快乐的特征。愉悦和精神享受是引起顾客进一步持续消费的重要方面。关于消费体验的享乐性的研究,巴宾等(Babin et al.,1994)认为在消费过程中的情感和娱乐能够激发顾客的体验性和情感性行为,对顾客的情感因素产生很大的影响。顾客情感能够深刻影响到顾客的行为和态度。沃克菲尔德和巴克(Wakefield,Baker,1998)深入分析顾客体验,发现顾客在体验的过程中所获得的快乐是顾客对体验评价的重要考虑因素。因此,虚拟社区的用户在平台的使用过程中存在对互动交流功能的体验,而在体验中用户是否能获得愉悦,以及用户对于愉悦和精神享受的评价都可能是用户进一步行为和态度的重要考虑因素。因此,虚拟社区的用户享乐价值的满足对于用户而言就非常重要。

另外,对于享乐价值方面的研究,是在体验经济下由顾客对于体验的感觉、知觉、思考、行为等相关方面的要求(Pine,Gilmore,1999)而逐渐发展形成的。在虚拟社区中,用户对于自身享乐方面的评价在本质上具有更多的情感性,与用户的心理性价值密切相关,用户心理的满足对于用户的行为和态度极其重要。同时，对于顾客购物过程的研究发现，享乐价值来源于顾客在购买中的情感和心理体验（Jason et al.，2009）；并且在购物过程中，顾客产生的兴奋以及在体验过程中享受的娱乐环境对于顾客获取享乐价值也具有影响，这说明用户的情感性体验可能是促进虚拟社区用户获取享乐价值的重要因素之一。享乐价值可以定义为对娱乐等体验利益的整体评价（Overby，Lee，2006）。用户在产品和服务的使用过程中能否获得快乐很大程度上影响了用户对平台的情感态度，用户对于平台的积极情感态度很大程度上与用户未来的行为联系起来。因此，在虚拟社区中享乐价值可能会影响到用户的行为意向和心理态度。研究发现，享乐价值与虚拟社区用户的心理需要相关，获取快乐和精神享受从本质上是用户心理满足的体现。因此，虚拟社区用户的享乐价值可以作为重要的心理性价值进行深入研究。

从服务背景方面的研究发现，享乐价值是服务背景下的用户获取价值的关键部分（Turel et al.，2007）。虚拟社区的用户之间通过在线交流的方式进行互动有可能获得交流的愉悦和快乐，从而获取享乐价值（Yang，Lee，2010），这意味着互动过程可能是用户获取自身需要的快乐和精神享受的重要影响因素。对于虚拟社区的用户，在在线交流平台中通过与其他用户进行互动，不仅需要获取实用性方面的价值，也需要得到精神享受。因此对于虚拟社区中的价值共创过程，享乐价值是一个重要的方面，是用户在共创的过程中为自身获取的重要价值。

三、用户资产

顾客资产的概念最早是要赢得高价值的顾客和获得高收益的回报，就要将顾客作为资产来看待，实行资产化管理，认为企业的顾客资产就是企业所有顾客终身价值之和（Blattberg，Deighton，1996）。柏克等将顾客资产定义为从顾客获得利润减去公司成本所得到的价值（Berger，Nasr，1998）。在此基础上，学者们认为顾客资产是企业所有顾客终生价值（CLV）折现值的总和，是企业最重要的价值资产（Rust，Lemon，Zeithaml，2000）。顾客资产是通过顾客关系价值以及顾客关系价值对未来收益的贡献表现出来的（Jan Duff，2000），它包括支持顾客资产增长的过程、工具和技术，它与企业顾客基础、顾客关系、潜在顾客和品牌识别的种种贡献有关。顾客资产还被认为是顾客生命周期价值折现之和（Lemon，Rust，Zeithaml，2001）。汪涛等（2002）从价值构成和顾客构成维度出发构建了二维的顾客资产模型，认为顾客资产至少包含了顾客购买价值、顾客信息价值、顾客口碑价值、顾客交易价值和顾客知识价值。其中，顾客购买价值由于直接给企业贡献销售额和利润流而成为顾客资产中的显性价值。而顾客信息价值、口碑价值、知识价值和交易价值或者是购买价值实现的驱动因素，或者给企业降低成本，或者是企业竞争取胜的关键因素，直接或间接地给企业创造了利润或竞争力，是比顾客购买价值更大、更重要的价值资产。因此，它们也属于顾客资产，是顾客资产的重要组成部分。顾客资产还被称为公司现有的和潜在的顾客的生命周期价值的折现和（Rust，Lemon，Zeithaml，2004）。古普特等（Gupta et al.，2004）发现顾客资产与公司的利益相关者价值紧密相关，同时顾客资产与公司的市场价值具有显著和积极的关系。王永贵（2005）认为顾客资产是企业长期价值的最重要决定因素，是顾客为企业提供的最可靠的收入与利润来源，顾客资产的价值源泉包括三个要素：①顾客财务贡献，指顾客的购买行为、交叉购买行为和顾客的升级购买行为等，对应基础潜能和增长潜能；②顾客的社会贡献，指顾客的口碑行为与推荐价值，可以帮助企业建立正面的声誉和吸引更多的顾客；③顾客的知识贡献，指顾客运用自己的信息和知识，积极主动地参与价值的共同创造和传递。顾客资产通常被定义为顾客生命周期价值的折现和，是公司长期价值的重要决定因素（Kim，Park，Lee et al.，2010）。

顾客资产包括三个关键驱动：品牌资产，价值资产和关系资产（Lemon，Rust，Zeithaml，2001）。品牌资产与品牌的最初经验积累和无形评价相关，是顾客对品牌的主观和情感性评价。品牌资产的关键驱动因素包括顾客品牌意识、顾客品牌态度和品牌伦理的顾客感知。通过对品牌认知的感知，品牌资产对于吸引顾客和让顾客评价品牌等方面非常重要。品牌资产还能提醒顾客持续购买该品牌的产品。品牌将顾客与公司的情感联系起来，产品和服务的价值是基于顾客对品牌形象的评价和个人偏好而形成的。品牌资产与公司的价值资产是紧密联系的，它是一种无形资产，引起消费者的认知，还能促进品牌延伸。根据以上研究，品牌资产被认为是强烈品牌身份的价值，能够吸引新的顾客。

价值资产是顾客对于实用利益的客观评价。价值资产的驱动因素包括质量、价格和方便性。关系资产是公司从公司与顾客之间关系中取得的无形资产。价值是顾客与公司之间的关键点。通过了解顾客的需要以及降低消费者的成本，能够使价值得到提高。公司通过投入价格、质量和方便性，能够促进价值资产等目标的实现。

伯雷（Berry，1983）提出关系营销可以提高竞争力和顾客满意度，并且可以引起顾客忠诚。关系营销中的长期顾客，对于组织的营销活动非常重要，能够实现营销的互动（Storbacka et al.，1994）。勒曼等（Lemon et al.，2001）认为，关系资产是在对品牌的客观和主观评价基础上，顾客对于品牌的强烈关系趋势。关系资产的驱动因素包括忠诚计划、特定认知、处理计划、社区建设计划以及知识建立计划（Rust，Lemon，Zeithaml，2004）。忠诚计划给予顾客在有形利益方面的特定行为。特定认知和处理计划能够认识到，顾客在无形利益下的特定行为。社区建设计划建立了顾客与公司的关系，将顾客以大型社区的方式联系起来。知识建立计划建立了顾客与公司的强烈结构联结，使得顾客不太容易转换到其他企业服务中。

从以上文献的研究发现，顾客资产作为现有和潜在的顾客生命周期的折现值之和，从价值、品牌、关系等角度与公司的利益息息相关，是公司价值的重要源泉。因此，本书认为虚拟社区中的用户资产是在虚拟社区价值共创过程中，企业与用户为企业共创的价值，是共创价值的重要维度之一。

第二节　焦点小组访谈定性研究

通过对文献的定性分析与归纳，本书认为虚拟社区中可能存在三种共创价值的基本形态，即实用价值、享乐价值和用户资产。之后，本书通过焦点小组访谈定性研究，以确定和证实虚拟社区中共创价值的维度构成。只有那些长期在虚拟社区互动交流的用户才能符合本研究的标准，并成为焦点小组的访谈对象。

一、方法选择与设计

为了探索用户在虚拟社区中对共创价值的看法，本书考虑到研究的合理性和高效性，采用了焦点小组访谈的研究方式。通过使用这样的研究设计，研究人员可以了解访谈对象在工作和生活中的经历，通过访谈对象的实际经历来说明我们要研究的问题。在焦点小组访谈中所提出的问题与共创价值的维度组成有关，通过访谈对象的生活和工作经历来解释我们所提出的问题。通过访谈对象的经历和所举出的例子，研究人员可以从访谈对象的经历中发现、归纳、总结相关的研究内容，揭示在线互动交流中共创价值维度构成的相关内容。

在与访谈对象进行交流和分析的过程中，以及资料的收集过程中，研究者都是重要的角色。研究者所准备好的问题是以对话的方式激发访谈对象进行相互交流，所以焦点小组访谈的环境要在自由、没有压力的情况下进行，以让访谈对象充分地分享他们的经历和看法。焦点小组访谈是以一种非正式的交流方式进行的，这样研究者可以从访谈对象的自由交流和叙述中获取本研究领域需要的信息。焦点小组访谈的谈话过程和主题需要通过研究者的引导来进行控制，以免交谈的内容偏离主题。

二、访谈样本设计

本研究使用的是非概率抽样，焦点小组访谈的对象都符合研究范围的标准（Creswell，2003）。所有被邀请参与焦点小组访谈的对象都经常使用虚拟社区进行在线互动交流，在虚拟社区（如 QQ、微博、微信、社交网站等）平台经常与其他用户进行交流。为了使焦点小组访谈的样本更有效，本研究选择的样本需要至少使用虚拟社区进行一年以上交流，并且在未来的一段时间内不会选择放弃这种平台的交流。

对满足条件的对象，笔者主要通过电话或者电子邮件的方式邀请他们参与焦点小组访谈。在电话或电子邮件中，笔者会预先对研究的背景、研究的目的和意向，以及访谈本身进行简短的介绍，并介绍为什么会选择他们作为访谈的参与者，之后约定访谈时间和地点，还应访谈者的要求对访谈的大致过程进行了介绍。本研究对焦点小组访谈所选择的对象给予了一定的考虑时间，如果访谈对象对参与研究感兴趣，可通过电话或电子邮件的方式给予答复。如果访谈对象同意参加焦点小组访谈，本研究会安排大约一个半小时的小组讨论式访谈。本研究发出了 30 份焦点小组访谈的邀请，最终邀请到了

15 位具有虚拟社区互动交流长期经历的用户参与焦点小组访谈。2014 年的 3 月和 4 月，笔者在北京航空航天大学的研究室内完成了焦点小组访谈。

邀请到的 15 位受访对象都是参与虚拟社区在线互动交流一年以上的用户（见表 3-1）。其中，男性有 8 人，占 53.33%，女性 7 人，占 46.67%；年龄为 22 岁到 35 岁。按照职业划分，学生有 6 人，占 40%；企业人士有 4 人，占 26.67%；专业人士有 2 人，占 13.33%；其他类职业有 3 人，占 20%。对于相同姓氏的受访对象，会标注一、二、三以示区别。

表 3-1　焦点小组访谈样本特征统计

编号	受访对象	性别	年龄	职业
1	杨先生	男	29	企业人士
2	司先生	男	28	其他
3	张先生	男	30	专业人士
4	任先生	男	27	学生
5	李女士（一）	女	29	企业人士
6	李女士（二）	女	26	学生
7	李女士（三）	女	27	专业人士
8	陈先生	男	22	学生
9	王先生	男	27	其他
10	孙女士	女	28	学生
11	巩女士	女	27	学生
12	李先生	男	29	企业人士
13	傅先生	男	30	企业人士
14	黄女士	女	35	其他
15	胡女士	女	27	学生

三、访谈的准备

为了更好地获取受访对象在亲身经历虚拟社区互动交流后对互动交流中的共创价值的真实看法，本研究的焦点小组访谈采取多对多的小组讨论方式。在焦点小组访谈中，除了研究人员的引导外，研究人员还准备了访谈的提问问题，以及一些与在线平台交流和共创价值有关的资料，用以提示和鼓励受访者分享他们的工作和生活经历以及对共创价值的看法。这些资料可以使受访对象在讨论交流之前对共创价值有大致的了解。研究人员在焦点小组访谈中表现出热情和认真的良好态度，能够让受访者更深入地参与到访谈的过程中，对访谈的效果有积极的促进作用。

根据受访者在访谈邀请中的答复情况，笔者与访谈者确定好了访谈时间和地点，所选择的时间是受访者的空余时间段，访谈的地点安静、舒适，以让受访对象感到亲切和舒服。研究人员会预先准备好访谈过程中的时间和安排，使每一个焦点小组访谈的参与人员能够充分地表达自己的观点。对访谈过程中时间的合理安排也可以让研究人员有充分的时间完整和细致地记录每一个受访对象的发言，从而提高访谈内容的准确性。

在多对多的焦点小组访谈开始的一小段时间里，研究人员与受访对象进行了一些个人信息方面的了解，如使用哪些虚拟社区平台进行交流，这种交流的习惯持续了多长时间等。虽然这些信息可以预先获得，但在讨论开始时进行询问有助于访谈的顺利进行。

在焦点小组访谈中，研究人员准备的是开放式问题，问题关注于虚拟社区中的共创价值本身。随着受访者的回复，研究人员可以进一步询问以及鼓励受访者从他们的亲身经历出发，分享他们的感受。研究人员会就每一个问题请多个受访者陈述看法。研究人员在访谈过程中会对受访者就共创价值的理论和访谈问题进行提示和引导，让受访者对本研究有更多的了解，以保证受访者的回答与访谈所需要的信息保持良好的一致性。

（一）开始的问候

以下是焦点访谈开始前的说明：

大家好！很高兴今天能邀请大家来参与虚拟社区中共创价值方面的焦点小组访谈，我们今天的访谈大概需要一个半小时的时间。虚拟社区是我们进行信息获取、社交的平台，如QQ、社交网站、微信、微博等。而且我们都知道在虚拟社区中进行交流已经成为一种时尚，无论是工作中还是生活中虚拟社区的使用都非常重要。在这种平台的交流中，我们可以获得价值。但我们对于在这些虚拟社区平台的使用过程中能够获得哪些价值，又能为平台创造哪些价值还不明确。这些价值的获得可能会影响我们是否进一步使用该平台以及对平台的态度。为了明确我们在虚拟社区中为自身所创造的价值，特邀请大家对以下问题进行讨论。

（二）访谈问题

以下是焦点访谈过程中会询问访谈对象的问题：

（1）您平时都使用了哪些虚拟社区平台？

（2）使用这些虚拟社区平台是否方便？具体表现在哪些方面？

（3）您认为通过虚拟社区进行在线交流能够帮助您获取信息吗？信息质量如何？请详细解释。

（4）在虚拟社区的用户互动交流过程中所获取的信息，是否是您所需要的信息？具体表现在哪些方面？

（5）在虚拟社区的互动交流中，您能体会到快乐以及获得精神享受吗？具体表现在哪些方面？

（6）您觉得使用该虚拟社区是您自己的意愿吗？具体表现在哪些方面？

（7）您使用的虚拟社区平台具有怎样的形象？

（8）该平台的信任度怎么样？

（9）该平台的服务怎么样？

四、访谈过程

本研究在2014年的3月和4月分别进行了两次焦点小组访谈，第一次的参与者为8人，第二次的参与者为7人，参与的人数均符合焦点小组访谈定性研究对人数的要求。两次焦点小组的访谈时间都大约持续了一个半小时。根据研究人员对访谈结束以后的统计分析，没有受访者被再次要求访谈。这说明在整个焦点小组的访谈过程中，受访对象充分地叙述和表达了他们在虚拟社区中与其他用户进行在线互动交流而共同创造自身需要的价值相关的亲身经历和切身感受，研究人员收集的文字数据是充分而准确的。在访谈开始的一段时间内，研究人员要对受访者的情况做出预先的估计，对受访对象在访谈中存在的反应，以及他们在访谈的数据记录中会起到的作用做出准确的判断和估计。研究人员在访谈的过程中会做出说明和解释，让受访对象充分了解研究人员的研究目的和意图，以及对虚拟社区和共创价值的概念进行解释，并进一步回答参加焦点小组访谈的人员的各种疑问。

在整个焦点小组访谈过程中,参加访谈的受访对象根据研究人员提出的问题相互之间进行讨论,在谈论的过程中表达各自对本研究所提出的访谈问题的看法。为进一步提高本次访谈的效果和完整性,研究人员同时对受访的相关人员进行说明,他们可以对研究人员所记录的访谈内容进行阅读、思考和复核,并提出修改性意见,以使研究人员在本次访谈中所记录的材料是全面而准确的。通过受访人员对访谈记录材料的阅读和修改,受访人员可以在材料中补充和修改每一段话,以表示他们真实的意思和看法。在最初的介绍步骤之后,研究人员会询问并确认受访人员是否能够明白和理解本次焦点小组访谈所提出的问题以及焦点小组访谈的过程。在得到受访对象的确认之后,焦点小组讨论过程才可以继续开展。在受访的过程中,需要告知受访者研究人员需要对他们的讨论和发言进行记录以服务于后续的研究工作,并征求受访者的同意。

(一)第一阶段:访谈开始

首先,在访谈开始的时候,研究人员会通过礼节性的交谈方式来收集一些包括年龄、性别、职业等人口统计特征方面的信息。这些信息的收集可以帮助研究人员进一步确定访谈内容是由哪位访谈对象所提出的,从而为有针对性地进行研究而做好准备。研究者提出的每一个问题都会由焦点小组的成员进行讨论,而且研究者在讨论中需要进一步起到控制和引导的作用。研究人员与焦点小组访谈对象的问答采取一问多答的方式,以尽可能地收集有关该问题的全面信息。通过受访者之间的讨论以及研究者的引导,可以建立研究者与受访者的良好关系。受访对象的人口统计特征方面的信息有助于研究人员对焦点小组受访对象的背景情况有所了解,在分析受访对象所提供的信息时更有针对性,对焦点小组访谈定性研究的分析非常有帮助。

(二)第二阶段:进行访谈

为了更好地访谈到受访对象在虚拟社区的使用中对共创价值的切身感受,研究人员在提问的过程中,要非常注意确认受访者是否了解虚拟社区所具有的特点,在这个互动交流的过程中用户获取和创造了哪些价值,通过价值共创为平台创造了哪些价值。在访谈的过程中,研究人员会一直鼓励受访人员分享他们所了解的情况,并尽量请他们举例说明,以让他们充分表达对虚拟社区的在线交流服务使用过程中获取和创造的价值方面的经历和感受:是什么样的价值促使他们继续使用虚拟社区进行互动交流以及他们对这些价值都有哪些切身体会。受访对象可以直接参与定性研究的信息统计过程，并对研究人员的研究起到积极的改进和完善作用。通过对虚拟社区进行焦点小组访谈的讨论，研究人员可以了解到在虚拟社区的在线交流使用过程中，用户获取了哪些价值，为平台创造了哪些价值，是哪些因素影响了用户使用这些虚拟社区平台，以及对平台的使用过程能够产生哪些影响。

在焦点小组访谈定性研究中，研究人员采用了记笔记和录音记录相结合的方式来记录受访对象的陈述。因为在访谈的过程中，对受访对象的关注和关心能够激发受访对象深入细致地分享他们对研究问题的看法。尤其是一些较为重视的语句，研究人员要特别关注，并做好记录和确认。访谈的记录要尽可能地包含受访对象的所有内容，通过录音记录的方式可以对受访对象陈述的各个要求进行记录。在接下来的研究中，研究人员通过归纳访谈记录，总结出与研究变量相关的材料。

（三）第三阶段：访谈结束

随着受访对象就研究者的问题都回答和陈述完之后，焦点小组访谈也就结束。研究人员还会向受访者说明，记录的内容可以反馈给受访者，请他们检查、复核和修改访谈的记录。研究人员还会与受访对象保持联系，确保受访对象充分表达他们的看法，以保证重要信息的完整性。

（四）第四阶段：访谈结束时进行的工作

在焦点小组访谈结束以后，研究人员需要立刻收听通过录音记录的访谈内容，并对访谈内容进行详细的记录和总结。研究人员要详细地查找和分析受访者在访谈陈述的内容中的关键意思和看法，并进行重点标注，这些信息有助于研究人员后期针对变量的相关性的研究。访谈记录要通过深入的阅读分析和整理，形成一个紧密联系的整体。

五、资料分析过程

（一）第一阶段：对访谈材料的整理和围绕访谈对象进行的分析

在完成焦点小组访谈以后，访谈记录等数据资料将被研究者搜集整理，并进行初步的分析。研究人员使用纸笔作为分析的工具，还使用电子文档进行记录和总结。开始的时候，所有的访谈记录、研究人员的标注、总结和分析，都要进行通读。这样的分析方法能够有助于研究人员对所有的数据、资料进行整体上的把握,而不仅是对访谈内容本身。在接下来的分析中,研究人员要对访谈的记录进行分析并进行综合整理,围绕受访者在虚拟社区平台的使用中所获取的价值方面以及为平台创造的价值的描述进行标记和整理。然后,研究人员要对所有数据资料进行全部、开放的综合,这样可以把数据资料进行整体的区分、归类和总结。最后,研究者将受访对象的关键语句进行列表,如表3-2所示。

表3-2 受访对象关键语句

编号	受访对象	关键语句
1	杨先生	Facebook通过建立人与人之间的联系为话题来建立群体,QQ群也建立了共同的话题让用户之间进行交流,在交流中提供了满足顾客需要的信息; 当疑惑被其他用户所解决时,我们会感到有愉悦感。在交流中有时遇到了新的发现,也会给我们带来快乐; Facebook在使用中经常是以客户为中心推出各种交流和游戏服务,满足大家日常在生活和交流中的需要。因而我相信Facebook能够得到广大用户的认可
2	司先生	用户可以在微博的交流中获取他们需要的信息。通过加入一个QQ群来聊天,很快就会从其他用户那里了解其他的QQ产品,使你对这个品牌产生熟悉度。例如新浪微博,我每天都在上面回其他用户的帖,通过平台与好友交流。在交流的同时,也能经常查阅到平台的各种服务,包括游戏、名人板块等。通过平台的使用和在线交流,我对微博比较了解
3	张先生	使用QQ空间,对我而言非常方便; 这种虚拟环境下成就感的实现,给我带来了快乐; 由于有了QQ空间、微博等在线社区平台,我们可以打造以客户为中心的立体化的营销体系
4	任先生	在这种网上虚拟社区平台上,用户与用户在互动交流中提供的信息质量很高; 如果我的微博被名家名流转发了,我能够看到我的微博的点击率飞快上升,那种感觉是要多爽快就有多爽快; 因为我比较喜欢关注明星的微博,在这里了解明星的日常生活,而且他们分享的信息都是真实的,因此我感觉微博能够帮助我获得真实的信息,增强我的信任感
5	李女士(一)	微博平台有针对性地为目标用户群体提供交流服务,这种交流服务很合理; 这个体验的过程对于我来说就是一个精神享受的过程; 由于整个使用过程就是一个享受的过程,使我从心理上对这个平台产生了依赖

续表

编号	受访对象	关键语句
6	李女士（二）	人都是希望成为第一的，当你被评为淘宝冠军后，会从内心感到很爽快； 享受了淘宝的服务，给我的感觉是淘宝平台具有亲切而富有吸引力的形象
7	李女士（三）	在微博上与别人进行交流，能让你获得更多自己需要的信息； 这些信息大部分都真实可靠，因而我很信任微博中分享的这些信息
8	陈先生	通过竞赛，人人网让它的用户群了解了民生卡方面的知识。而且在这个过程中，用户还可以对信用卡有更深刻的了解，选择适合自身的信用卡； 而且人人网现有的服务模式是以用户为导向的，用户可以在这里找到自己的生活方式、获得自己的独特体验
9	王先生	不懂手机技术的人在安卓手机论坛上都可以找到解决自身问题的办法； 尤其是遇到有共同兴趣的人进行交流，肯定会感觉到快乐的； 安卓手机论坛上能够发现各种解决手机问题的办法，用户都非常信任这个平台； 互联网最贵的就是用户，用户乘以使用量就是网站企业的市值，所以公司非常重视社区平台里面的用户
10	孙女士	作为新浪微博的用户，一般我会去看网上的一些建议和投诉的部分，而其他用户的使用情况和建议可以作为我选择产品和服务的参考； 我每天都刷新浪微博，感觉自己已经粘在上面，在生活中离不开它
11	巩女士	像QQ和人人网这些在线交流平台，最大的优势就是用户使用起来很方便。QQ所提供的这种交流方式非常合理； 在QQ空间里面看到有人过生日、搞笑的图片，就会引起大家的交流，从而实现了交流的快乐； QQ空间和QQ群提供了各种有趣而形象的标识，它们具有欢快而吸引人的形象
12	李先生	在微博上对名人可以有更多的了解，有触动情感的方面，这个过程会让人产生喜悦的心情。我对名人的关注让我每天都登录新浪微博，因而在心理上我也非常认可这个平台
13	傅先生	在这种在线虚拟社区上交流具有分享的喜悦，而且获取了真实可靠的信息，心理感受会很好； 正是由于我们获得了真实可靠的信息，我们相信这个平台是可靠的，而且使用得越多对这个平台就越熟悉
14	黄女士	吸引我的主要是实质性的产品和服务，能满足我的真实需要，我比较看重具有实用性的信息； QQ群和开心网这些交流平台都是我们自己选择使用的。这也是我在工作之余的一项乐趣，既能交友又能放松心情，我觉得使用开心网真的很明智； 开心网给人一种愉悦和欢快的形象，我在心理上就依赖它

续表

编号	受访对象	关键语句
15	胡女士	由于每个人都可能掌握一些重要的信息，通过开心网平台进行分享，只要和他认识的开心网朋友都能看到这些信息，这种信息对于一些用户的工作通常会很有用； 而且用户在玩游戏的过程中体验了各种精神享受，也享受了使用中的快乐； 开心网提供了很多用户导向的游戏，每次玩游戏我都沉浸其中

（二）第二阶段：对访谈内容的主旨进行分析

研究人员会进行第二轮的数据分析。在这次分析中，需要打破受访者的限制，重点分析那些具有相似性的信息以及共同的主旨，那些存在于不同受访者的特征，基于这些共同的特征能够搜集到哪些有关的信息（Creswell，2003）。依据主题信息把这些信息进行分类，研究人员就可以缩小研究的范围，并集中于重要的、共同的变量类别。由此，整体性的特征就开始显现，如实用价值、享乐价值、用户资产等，如表3-3所示。

表3-3 涉及价值的关键语句

变量类别	关键语句
实用价值	Facebook通过建立人与人之间的联系为话题来建立群体，QQ群也建立了共同的话题让不同的用户之间进行交流，在交流中提供了满足用户需要的信息； 用户可以在微博的交流中获取他们需要的信息； 企业要针对目标用户群来通过微博进行交流，提供适合的信息，交流的效果会非常好； 使用QQ空间，对我而言非常方便； 在这种网上虚拟社区平台上，用户与用户在互动交流中提供的信息质量很高； 在微博上与别人进行交流能让你获得更多自己需要的信息； 微博平台有针对性地为目标用户群体提供交流的服务，这种交流服务很合理； 通过竞赛，人人网让它的用户群了解了民生卡方面的知识。而且在这个过程中，客户还可以对信用卡有了更深刻的了解，选择适合自身的信用卡； 不懂手机技术的人在安卓手机论坛上都可以找到解决自身问题的办法； 吸引我的主要是实质性的产品和服务，能满足我的真实需要，我比较看重具有实用性的信息； 只要和他认识的开心网朋友都能看到这些信息，这种信息对于一些用户的工作通常会很有用； 作为用户而言，一般我会去看网上的一些建议和投诉的部分，而其他用户的使用情况和建议可以作为我在选择产品和服务时的参考； 像QQ和人人网这些在线交流平台，最大的优势就是用户使用起来很方便。而QQ所提供的这种交流方式是非常合理的

续表

变量类别	关键语句
享乐价值	如果我的微博被名家名流转发了,我能够看到我的微博的点击率飞快上升,那种感觉是要多爽快就有多爽快; 当疑惑被其他用户所解决时,我们会感到有愉悦感。在交流中有时遇到了新的发现,也会给我们带来快乐。在交流中找到了志同道合的人,我们也会感到快乐; 这种虚拟环境下成就感的实现给我带来了快乐; 人都是希望成为第一的,当你被评为淘宝冠军后,会从内心感到很爽快; 这个体验的过程对于我来说就是一个精神享受的过程; 在交流平台上交流具有分享的喜悦,而且获取了真实可靠的信息,心理感受会很好; QQ群和开心网这些交流平台都是我们自己选择使用的。这也是我在工作之余的一项乐趣,既能交友又能放松心情,我觉得使用开心网真的很明智; 在微博上对名人可以有更多的了解,有触动情感的方面,这个过程是让人喜悦的; 尤其是遇到有共同兴趣的人进行交流,肯定会感觉到快乐; 在空间里面看到有人过生日、搞笑的图片就会引起大家的交流,从而实现了交流的快乐; 用户在玩游戏的过程中体验了各种精神享受,也享受了使用中的快乐
用户资产	Facebook在使用中经常是以客户为中心推出各种交流和游戏服务,满足大家日常在生活和交流的需要。因而我相信Facebook能够得到广大用户的认可; 通过平台的使用和在线交流,我对微博比较了解; 由于有了QQ空间、微博等在线社区平台,我们可以打造以客户为中心的立体化的营销体系; 我感觉微博能够帮助我获得真实的信息,增强我的信任感; 由于整个使用过程就是一个享受的过程,使我从心理上对这个平台产生了依赖; 享受了淘宝的服务,给我的感觉是淘宝平台具有亲切而富有吸引力的形象; 人人网现有的服务模式是以用户为导向的,用户可以在这里找到自己的生活方式、获得自己的独特体验; 我每天都刷新浪微博,感觉自己已经黏在上面,在生活中离不开它; QQ空间和QQ群提供了各种有趣而形象的标识,它们具有欢快而吸引人的形象; 我对名人的关注让我每天都登录新浪微博,因而在心理上我也非常认可这个平台; 你使用得越多对这个平台就越熟悉; 开心网给人一种愉悦和欢快的形象,我在心理上就依赖它

（三）第三阶段：对访谈主旨的总结

通过以上对受访内容的分析，研究人员可以找到那些相似的或者共同的数据特征（Mertens，2005）。这一阶段的研究可以形成共创价值的形态集合的特征，为后续的分析和研究打下坚实的基础。研究人员从共创价值特征的描述中可以发现共创价值的重要信息。通过这些重要信息和具有共性的内容逐渐形成了本研究中共创价值的维度结构，以用于共创价值的影响因素与其关系方面的研究。共创价值的形态集合特征如表3-4所示。

表3-4 共创价值基本形态特征

共创价值形态	特征描述
实用价值	交流中满足了用户需要的信息；互动交流获取的信息质量很高；用该平台进行在线交流很方便，该平台所提供的交流服务很合理
享乐价值	在微博平台的在线交流使用过程中会获得快乐；在线社区交流是一个精神享受的过程；微博使用能触动情感而创造快乐；虚拟环境中交流实现了成就感而引起用户的快乐；该平台是用户自愿使用的；用户认为使用该平台的服务是明智的选择
用户资产	该平台的服务以用户的利益为中心以及以用户为导向；通过使用平台和在线交流能够更加熟悉平台；平台具有愉悦而吸引人的形象；平台提供的服务让用户信任；平台的用户对平台产生了情感依赖

六、访谈结果

通过对访谈材料的分析，本研究发现用户共创价值共有两种基本形态——实用价值、享乐价值。现将与不同形态的用户共创价值相关的访谈内容结果列出如下。

（一）实用价值

1. 杨先生

关键句：Facebook通过建立人与人之间的联系为话题来建立群体，QQ群也建立了共同的话题吸引用户在平台中进行互动交流，在交流中使用户提供信息，并通过信息传递获取用户自身需要的信息。

随着SNS社区营销的不断发展，在线社区已经成为用户与用户之间的重要交流平台。尤其是Facebook、QQ的兴起，吸引了更多的用户来进行在线交流，参与到互动活动中。Facebook通过建立人与人之间的联系为话题来建立群体，QQ群也建立了共同的话题吸引用户在平台中进行互动交流，在交流中使用户提供信息，并通过信息传递获取用户自身需要的信息。例如，天际网主要是建立平台实现职场社交群，在群里可以传播工作经验、求职经验等，新求职者和准备跳槽者就可以在群的交流中获取他们需要的信息。

2. 司先生

关键句：用户可以在微博的交流中获取他们需要的信息。

用户可以在微博的交流中获取他们需要的信息。企业为了扩大知名度、降低推广成本，将企业的产品信息和服务信息通过微博传递给用户。用户在与微博服务人员的交流中获取了企业最新的产品消息；而服务人员也对用户的疑问进行解答，对产品的使用和售后进行有效服务，积极听取用户的意见和反馈，更好地设计适合用户的产品和服务。用户也可以通过对微博的关注，将有价值的信息转发给其他用户，使信息不断扩散，使更多的人了解企业的产品信息，从而实现了产品信息推广，也扩大了企业的影响力。

3. 张先生

关键句：我觉得QQ群的使用对我而言非常方便。

QQ群有一个独特的优势，就是只要用户能够上网，在群管理员允许的情况下，可以顺利加入用户想加入的群。我觉得QQ群的使用对我而言非常方便。主要表现在以下方面：首先，QQ群上有群中所有成员的QQ号，我可以通过QQ群与我想联系的成员进行交流，并且加他为好友，进行私聊，进一步增加我的网上朋友。其次，QQ群能够自由地进行信息的共享，只要有人将信息放在QQ群中，群上所有的成员都可以看到，这种信息可能对于成员而言非常有用。

4. 李女士（一）

关键句：微博平台有针对性地为目标用户群体提供交流的服务，这种交流服务很合理。

我觉得通过微博来提供用户交流的平台，企业的定位非常重要。微博平台有针对性地为目标用户群体提供交流的服务，这种交流服务很合理。例如，在腾讯微博中有针对创业者的主题板块。在这种交流板块中，用户分享了各种针对创业者的包括政策、市场动向、创业知识和方法方面的信息。想创业的用户可以在腾讯微博创业板块中获取自己创业需要的各种信息，并且通过与已经创业的一些用户进行交流，获取有关创业的宝贵经验，不仅对自己创业更加了解，也对在创业过程中遇到的各种问题有了更全面的认识，因此可能提高了新创业者的成功率。而对于已经创业成功的用户，他非常愿意分享自己成功的经验，通过分享和交流，自己感到有很大的成就感。因此，微博平台有针对性地提供交流服务，对于用户的交流是有很大促进作用的。

5. 任先生

关键句：在这种网上虚拟社区平台上，用户与用户之间在互动交流中提供的信息质量很高。

在这种网上虚拟社区平台上，用户与用户之间在互动交流中提供的信息质量很高。例如，在网易微博上发布的信息，由于是官方微博，信息的可信度非常高。我非常关注欧洲杯的消息，就通过网易微博与微博其他用户进行交流，及时获取有关欧洲杯的第一手信息。通过享受这些优质的服务，极大地提高了用户对这些微博的支持力度。

6. 李女士（三）

关键句：在微博上与别的用户进行交流能让你获得更多自己需要的信息。

我也很喜欢用微博。在微博上，我尤其喜欢看别人的日志。通过看一些别人的日志，我能了解上面的信息。在微博上与别的用户进行交流能让你获得更多自己需要的信息。不管是购买产品还是找信息，微博提供的平台都可以帮助自身来进行选择。

7. 陈先生

关键句：通过竞赛，人人网让它的用户群体了解了民生卡方面的知识。而且在这个过程中，用户还可以对信用卡有更深刻的了解，选择适合自身的信用卡。

人人网曾经和民生银行合作，在人人网上组织了一次网上竞赛。人人网让它的用户都来参与这个竞赛，只要参与就可以获得积分。这个竞赛是有关民生银行信用卡和借记卡知识方面的。通过竞赛，人人网让它的用户群体了解了民生卡方面的知识。而且在这个过程中，用户还可以对信用卡有更深刻的了解，选择适合自身的信用卡。

8. 王先生

关键句：不懂手机技术的人，在安卓手机论坛上都可以找到解决自身问题的办法。

比如安卓手机论坛可以分享各种手机使用中的问题的解决办法。不懂手机技术的人在安卓手机论坛上都可以找到解决自身问题的办法。因为在这个论坛上建立了有关技术的交流平台，平台版主提供了针对手机性能的各种论坛板块，包括手机屏幕保护、手机电池的维护、手机为什么会出现死机等各种技术问题，并且根据这些技术问题建立相应的交流板块。由于平台版主提供了良好的交流主题，吸引一些有经验和专业人士加入板块的交流，其他对手机使用有疑问的用户在各自需要的技术问题板块中能够查到与自身需要相关的很多信息。实在找不到相应的问题的，用户也可以建立新的交流主题论坛板块，论坛版主会与一些专业人士进行联系，让专业用户对这些用户的问题进行解答。因此我们发现，安卓手机论坛已经成为手机用户使用过程的好朋友了。

9. 黄女士

关键句：吸引我的主要是实质性的产品和服务，能满足我的真实需要，我比较看重具有实用性的信息。

吸引我的主要是实质性的产品和服务，能满足我的真实需要，我比较看重实用性的信息。例如新浪微博，我认为就是一个能够获取信息的平台。首先，新浪能够及时地将各种最新的信息以微博主题的形式告诉大家。例如我对2012年欧洲杯比较关注，在新浪微博中常常可以看到有关欧洲各个强队一些球星的新闻主题。这些新闻主题吸引了我们这些对欧洲杯感兴趣的用户，通过用户之间的交流，不仅我们对于欧洲杯的最新信息更加了解，而且这些交流也使我们对新浪微博的其他信息产生了兴趣。我会通过新浪微博关注名人信息，关注我所感兴趣的体育、音乐等各种情况，这也可能是新浪微博有大量粉丝的一个原因。

10. 巩女士

关键句：QQ群和人人网这些在线交流平台最大的优势就是用户使用起来很方便。QQ群所提供的这种交流方式是非常合理的。

QQ群和人人网这些在线交流平台最大的优势就是用户使用起来很方便。通过人人网也就是校内网，我可以查找和我在同一个学校的朋友，并且加他为我的好友，我就可以建立和他的联系。当我不知道他的联系方式时，这种找人的方式就很方便。而 QQ 群所提供的这种交流方式是非常合理的。一方面 QQ 群的各个用户可以随时随地与自己的 QQ 好友和 QQ 群成员进行自由联系，由于个人的习惯性，我和一些不太熟的 QQ 群朋友联系，比直接打电话感觉更加自在，避免了有时直接打电话会遇到的尴尬。另外，QQ 群的使用是不收任何费用的，对于它的用户而言是非常合理的。只要能够上网，登录 QQ，QQ 群的用户就可以免费地和自己的群成员进行交流，而打电话和发手机短信都是要付费的。正是由于这么多的原因，QQ 群的使用在国内受到了很大的欢迎，而且这种虚拟的交流方式会一直持续下去，形成良好的时尚。

11. 胡女士

关键句：由于每个人都可能掌握一些重要的信息，通过开心网平台进行分享，只要和他认识的开心网朋友都能看到这些信息，这种信息对于一些用户的工作通常会很有用。

在开心网上，平台用户可以与其他用户进行自由交流。用户可以通过开心网获取其他用户心情、职业信息、近期情况、兴趣爱好等各种信息。开心网是为了促进年轻的用户之间认识更多的朋友，将朋友关系拓展起来；只要能上网，我们可以随时随地通过开心网找到老朋友和新朋友，通过这种朋友关系的交流，了解朋友的近期情况和信息。由于每个人都可能掌握一些重要的信息，通过开心网平台进行分享，只要和他认识的开心网朋友都能看到这些信息，这种信息对于一些用户的工作通常会很有用。

12. 孙女士

关键句：作为用户的话，一般我会去看网上的一些建议和投诉的部分，而其他用户的使用情况和建议可以作为我在选择产品和服务时的参考。

新浪微博平台上的交流以及给企业提建议，因为是表明用户对企业的认可，肯定可以提升公司在用户中的形象。作为用户的话，一般我会去看网上的一些建议和投诉的部分，而其他用户的使用情况和建议可以作为我在选择产品和服务时的参考。

（二）享乐价值

1. 任先生

关键句：如果我的微博被名家名流转发了，我能够看到我的微博的点击率飞快上升，那种感觉是要多爽快就有多爽快。

我需要在微博上发帖，与其他人一起交流。在交流中很多其他用户会把我的微博进行转发。如果我的微博被名家名流转发了，我能够看到我的微博的点击率飞快上升，那种感觉是要多爽快就有多爽快。而且在微博上还可以直接和自己崇拜的偶像直接交流，非常令人兴奋。每一次通过网上平台和偶像的交流都是一种享受。

2. 杨先生

关键句：当疑惑被其他用户所解决时，我们会感到有愉悦感。在交流中有时遇到了新的发现，也会给我们带来快乐。在交流中找到了志同道合的人，我们也会感到快乐。

在这种在线平台上交流，当疑惑被其他用户所解决时，我们会感到有愉悦感。尤其我是做产品经理的，经常要遇到一些不了解的问题，在一些专业的QQ群里，通过和其他人的交流，一些技术专家很快就回答了我的问题，使我感到轻松愉快。同时，在交流中有时遇到了新的发现，也会给我们带来快乐。比如，我在玩QQ游戏时，其他玩家将每个游戏的新功能告诉了我，使我能更好地体验游戏的快乐。当在这种社区平台（如人人网、开心网）上，在交流中找到了志同道合的人，我们也会感到快乐。人生难寻知己也，这种虚拟社区确实是我们获得快乐的很好方式。

3. 张先生

关键句：这种虚拟环境下成就感的实现，给我带来了快乐。

例如，百度空间让用户去解答其他用户提出的问题，如果我们解答了，百度空间就会提供积分，这些积分可以用来下载很多对我们有用的文件和信息。因为平时在工作中成就感不多，通过在百度空间上回答很多人的问题，我获取了大量的百度积分，感觉很有成就感。这种虚拟环境下成就感的实现给我带来了快乐。

4. 李女士（二）

关键句：人都是希望成为第一的，当你被评为淘宝冠军后，会从内心感到很爽快。

在淘宝的购物和交流过程中。如果回帖率高，以及购物的频率比较高，在淘宝社区上非常活跃的话，会被评为淘宝冠军。人都是希望成为第一的，当你被评为淘宝冠军后，会从内心感到很爽快。我也自然成了淘宝社区的忠实用户。

5. 李女士（一）

关键句：体验的过程对于我来说就是一个精神享受的过程。

蘑菇街网站能够让用户体验到服装等产品的外观和款式搭配。我们能够体验产品除了性能方面的其他特性，如服装美观与自身完美搭配的结合。这个体验的过程对于我来说就是一个精神享受的过程。

6. 傅先生

关键句：在社区平台上交流具有分享的喜悦，而且获取了真实可靠的信息，心理感觉会很好。

在社区平台上交流具有分享的喜悦，而且获取了真实可靠的信息，心理感觉会很好。良好的交流和信息分享的效率能减轻我的生活压力，所以在微博使用上具有享乐的过程。新浪2015年达到了2亿的用户访问量，主要就是通过良好的微博推广实现了用户群体的提升。

7. 黄女士

关键句：QQ群和开心网这些交流平台都是我们自己选择使用的。这也是我在工作之余的一项乐趣，既能交友又能放松心情，我觉得使用开心网真的很明智。

QQ群和开心网这些交流平台都是我们自己选择使用的。当然还有其他的交流平台，如MSN等，但是我觉得MSN主要用于工作方面的交流，使用范围相对较小。QQ群就不一样了，它的用户非常广泛，无论是工作、生活、交友、谈恋爱和亲人联系等，都可以使用QQ群来进行交流。而这也是促使我长期使用它的主要原因。通过开心网我结识了很多母校的校友和其他学校的朋友，大家通过虚拟性的交流，彼此在心灵上都没有障碍，包括心情的分享、平时图片的分享、生活经历的分享，都非常自由。这也是我在工作之余的一项乐趣，既能交友又能放松心情，我觉得使用开心网真的很明智。

8. 李先生

关键句：在微博上对名人可以有更多的了解，有触动情感的方面，这个过程应该是让人喜悦的。

在新浪微博上，我们可以自由地与一些名人交流，包括我们崇拜的明星像刘翔啊之类的。通过微博交流，可以实现平时不能实现的交流渠道。在微博上对名人可以有更多的了解,有触动情感的方面,这个过程应该是让人喜悦的。

9. 王先生

关键句:尤其是遇到有共同兴趣的人进行交流,肯定会产生快乐的心情。

2015年新浪的网站用户量已经达到了2亿,用户量是非常庞大的,微博又是一个新的交流平台。大家对此都有新鲜感,发一些像欧洲杯啊之类的大家共同关注的话题,能吸引大家。尤其是遇到有共同兴趣的人进行交流,肯定会产生快乐的心情。

10. 巩女士

关键句:在QQ空间里面看到有人过生日、搞笑的图片,就会引起大家的交流,从而实现了交流的快乐。

在QQ空间里面可以看到其他人最近的情况,也可以看到大家对他/她的评论,这种评论加强了大家的交流。在空间里面看到有人过生日、搞笑的图片就会引起大家的交流,从而实现了交流的快乐。

11. 胡女士

关键句:用户在玩游戏的过程中体验了各种精神享受,也享受了使用中的快乐。

开心网通过各种网络广告的途径来吸引客户、建立交流社区,用户通过玩游戏交流生活中的信息,做得非常火。用户使用得多了,就提升了网站的价值。而且用户在玩游戏的过程中体验了各种精神享受,也享受了使用中的快乐。

(三)用户资产

1. 杨先生

关键句:我相信Facebook能够得到广大用户的认可。

Facebook在使用中经常是以客户为中心推出各种交流和游戏服务,满足大家日常在生活和交流中的需要。因而我相信Facebook能够得到广大用户的认可。

2. 司先生

关键句:通过平台的使用和在线交流,我对微博比较了解。

例如新浪微博,我每天都在上面回其他用户的帖,通过平台与好友交流。在交流的同时也经常查阅到平台的各种服务,包括游戏、名人板块等,因而通过平台的使用和在线交流，我对微博比较了解。

3. 张先生

关键句：由于有了QQ空间、微博等在线社区平台，我们可以打造以客户为中心的立体化的营销体系。

我经常使用QQ空间和微博，与我的朋友们进行日常的交流。我通过QQ空间分享了大量的帖子和表情，得到很多鼓励和支持。由于有了QQ空间、微博等在线社区平台，我们可以打造以客户为中心的立体化的营销体系。通过以客户为中心的立体化营销体系，能够更好地服务这些客户。

4. 任先生

关键句：我感觉微博能够帮助我获得真实的信息，增强我的信任感。

因为我比较喜欢关注明星的微博，在那里了解明星的日常生活，而且他们分享的信息都是真实的，因此我感觉微博能够帮助我获得真实的信息，增强我的信任感。正是对微博的信任让我长时间使用它。

5. 李女士（一）

关键句：由于整个使用过程就是一个享受的过程，使我从心理上对这个平台产生了依赖。

我特别喜欢使用新浪微博，每天都会登录它，享受愉悦的网络交流体验。由于整个使用过程就是一个享受的过程，使我从心理上对这个平台产生了依赖。

6. 李女士（二）

关键句：给我的感觉是淘宝平台具有亲切而富有吸引力的形象。

淘宝网经常通过淘宝社区分享大量的商品优惠信息以及重要的节庆活动，从社区平台中能了解全面的淘宝服务。由于享受了淘宝的服务，给我的感觉是平台具有亲切而富有吸引力的形象。

7. 陈先生

关键句：人人网现有的服务模式是以用户为导向的。

人人网现有的服务模式是以用户为导向的，你可以在这里找到自己的生活方式，获得自己的独特体验。

8. 孙女士

关键句：我每天都刷新浪微博，感觉自己已经黏在上面，在生活中离不开它。

我每天都刷新浪微博，感觉自己已经黏在上面，在生活中离不开它。我在坐地铁、晚上在家休息时，我都会登录新浪微博，关注各种重要的新闻和娱乐信息，它已经融入我的生活。在其中我也能享受到很多乐趣，因此我愿意长期使用它。

9. 巩女士

关键句：它们具有欢快而吸引人的形象。

QQ空间和QQ群提供了各种有趣而形象的标识，它们具有欢快而吸引人的形象。我就是被这些有趣的QQ形象所吸引，成了QQ空间的老用户。

10. 李先生

关键句：在心理上我也非常认可这个平台。

我使用新浪微博，主要是在微博中有明星的博客，我是杨幂的粉丝，因此我能够直接在微博中关注她，直接与她交流。我对名人的关注让我每天都登录新浪微博，因而在心理上我也非常认可这个平台。

第四章 研究模型构建

第一节 虚拟社区共创价值与其影响因素、结果变量的关系模型

本书通过焦点小组访谈定性研究提出了虚拟社区共创价值包括三个维度：实用价值、享乐价值和用户资产。实用价值和享乐价值是虚拟社区平台与用户通过价值共创为用户共创的价值。用户资产是平台与用户价值共创为平台共创的价值。那么，虚拟社区共创价值是怎样形成的呢？会受到哪些因素的影响呢？

在虚拟社区平台与用户价值共创的过程中，存在平台与用户的互动交流、用户与用户的互动交流。用户与用户之间由于共同的兴趣、爱好、价值观而聚集在微博、微信、社交网站等虚拟平台中，他们之间形成了一定的网络关系，彼此关系的质量对于用户参与价值共创的积极性存在影响。而在虚拟社区中，用户的目的在于获得信息资源、社交资源等，满足自身在工作与生活、情感方面的需要。因此，用户与平台的资源投入以及资源能否融合而供不同的用户使用就非常重要。

另外，由于虚拟社区不同用户的兴趣、爱好和价值观存在较大差异，他们倾向于选择与自身兴趣、爱好、价值观相关的社区平台和服务板块。因而，用户感知平台提供的服务板块是否与用户的兴趣、爱好存在相关性，将直接影响用户参与虚拟社区平台价值共创的积极性。因此，涉入可能是虚拟社区共创价值的重要影响因素。

在虚拟社区中,用户非常重视在线社区服务的体验,包括网站的体验、服务板块的体验、在线交流的体验以及网站愉悦的体验。用户体验的过程和感觉、用户体验的质量都可能影响用户价值共创,进而影响共创价值的实现。

用户与平台共创了用户价值和平台价值后,用户由于心理和实际利益的满足而沉浸在良好的心理愉悦中,就可能产生流体验。用户通过价值共创所形成的实用价值、享乐价值和用户资产,可能由于用户心理的满足、用户对平台服务的认可和依赖而产生良好的口碑推荐行为和重复使用意向。

根据以上分析,本书拟构建以下的虚拟社区共创价值与其影响因素、结果变量的关系模型,如图4-1所示。

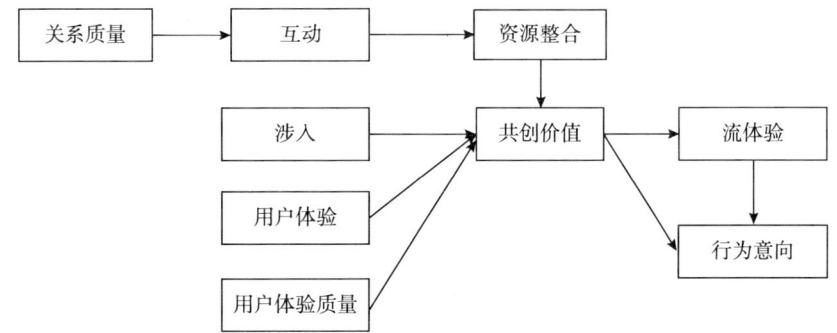

图4-1 共创价值与其影响因素、结果变量的关系模型

第二节 关系质量、互动、资源整合和共创价值的关系

一、关系质量和互动的关系

在虚拟社区中,用户由于共同的兴趣、爱好以及社交等目的聚集在一起。当多个用户聚集在具有共同兴趣爱好的平台板块时,由于平台建立了良好的交流渠道,用户与用户可以形成在线社交关系。用户与用户的互动表现为持续而深入的交流方式。良好的用户关系能够激发用户与用户互动交流的意向。在虚拟社区平台中,用户与用户融洽的关系增强了用户对于平台的使用意向

和交流意向，用户与平台服务人员的交流也得到增强。

根据关系营销理论，关系营销导向的核心是建立企业与顾客之间的长久关系，关系导向也被定义为参与关系行为的倾向性（Gopalakrishna Pillai, Sharma, 2003）。在虚拟社区中，企业为用户提供了交流的平台，该平台关系导向的核心就是要建立用户与用户的长久关系。通过建立良好的用户与用户的关系，不仅有助于用户之间的信息交换，而且通过用户对关系的感知可以增进双方的相互了解。在价值共创过程中，要实现用户对于服务的使用并获取价值，必然需要用户与用户的互动来实现信息、情感等资源的传递，因此用户与用户的互动是价值共创过程最重要的环节之一。由于建立良好的用户与用户的关系能够增进双方的了解，因此通过彼此兴趣爱好的一致以及情感的相近可能激发用户与用户的互动。用户在平台中服务的顺畅使用以及服务咨询离不开用户与平台服务人员之间的互动交流，而用户在平台中感知良好的关系也增强了用户进行在线咨询、反馈、建议的意向。因此，关系对于平台服务人员与用户的互动也可能存在重要作用。

关系与价值创造的研究最早起源于公平理论的提出。公平理论提供了在关系因素的影响下研究价值创造的理论框架（Adams, 1963），同时价值创造需要超越一般性的观察，通过信任等关键因素促进企业与顾客的合作（Wilson, 1995）。从价值创造的角度出发，如果用户之间具有良好的信任，会使得价值的传递更顺畅，用户价值变得更容易实现。在以往的研究中，研究者从顾客与企业合作的角度进行了分析，提出价值创造是通过关系、合作和联盟来实现的（Ulaga, 2001）。根据以上研究，虚拟社区中成员的关系能够促进用户与用户的合作，以及平台服务人员与用户的合作和交流，必然影响用户对于价值的接受和感知。而在价值共创研究背景下，学者们指出，企业与顾客之间的关系能够让顾客长期地接受企业，并形成竞争者难以模仿的优势，激发价值共创的机会（Chan, Yim, Lam, 2010）。这意味着价值共创是建立在虚拟社区用户良好关系的基础上的。另一些学者从关系信任的视角探索了关系信任与价值创造的关系（Wagner, Eggert, Lindemann, 2010），发现关系信任可能影响价值创造，但是他们的研究并未验证关系信任对价值共创具体过程的影响。根据以上研究发现，关系可能是虚拟社区价值共创过程的重要影响因素，通过建立的良好关系能够有效激发用户与用户以及用户与虚拟社区平台的共同价值创造。

在关系营销理论研究中，史密斯（Smith，1998）将关系质量定义为客户对于买卖双方整体关系中实现客户所关心的期望、预测、目标与欲望的一种满意程度。这种满意程度可以作为客户衡量自身是否持续维持和发展买卖关系的重要方面。另一些学者认为关系质量为交易双方关系强度的总体评价（Hennig-Thusau, Gwinner, Gremeler, 2002），这意味着关系质量可以作为评价关系的重要变量。对于虚拟社区，关系质量表现为社区成员对于关系所实现成员的期望、目标的满意程度。当社区成员感知彼此所形成的关系可能满足自身的期望和目标时，成员在平台中交流的愿望会得到增强；社区成员通过对彼此关系的强度进行总体评价，良好的评价使社区成员认知到与平台的良好关系有助于实现自身的目标，这有助于社区成员主动进行交流、沟通以及信息和情感的分享。因此，关系质量可以作为激发价值共创过程的重要影响因素而进行深入研究。在本书中，由于共创价值的实现首先需要促成平台服务人员与用户的互动以及用户与用户的互动，因此本书考虑关系质量可能是平台服务人员与用户的互动以及用户与用户的互动的重要影响因素。

有关关系与互动的影响关系的研究最早来源于社会交换理论。社会交换理论指出：仅仅考虑经济交易不能解释交换关系中的参与方行为（Blau，1964）；只有形成社会交换关系，相互间具有了非特定的责任，才能解释参与方的行为。这种责任的存在引起了社会交换关系对于互动的激发（Uehara，1990）。贾普等（Jap et al., 1999）从分销渠道的角度提出，高质量的关系可以引起关系双方的友好、意见一致、包容。因此，当非交易类虚拟社区用户间建立了高质量的关系时，通过意见一致和包容更容易促进双方的交流。另一些研究发现，在网站上建立良好的社交关系能够导致社交型互动（Jonathon et al., 2002）。由此，当虚拟社区建立良好的社交关系，并且用户认知关系具有良好的质量时，可以促进平台服务人员与用户的互动以及用户与用户的互动过程。

从关系质量的维度方面进行分析，信任通过强化对关系的期望而对未来互动的可能性产生积极影响（Doney，Cannon，1997）。关系的信任可以通过促进交换以及降低交换行为中的风险，来促进关系双方的互动行为。关系的满意反映了用户积累的对关系表现的印象。关系满意与否能够影响到用户之间的行为。满意的关系可能引起顾客与其他顾客的互动（Algesheimer et al.，2005）。因此，对于虚拟社区，用户对于关系的信任以及满意可能促进平台服务人员与用户的互动和用户与用户的互动。为此，本研究提出以下假设：

假设1：信任对平台服务人员与用户的互动产生了正向显著的积极影响。

假设2：信任对用户与用户的互动产生了正向显著的积极影响。

假设3：满意对平台服务人员与用户的互动产生了正向显著的积极影响。

假设4：满意对用户与用户的互动产生了正向显著的积极影响。

二、互动和资源整合的关系

互动是两个或多个互相影响的联系方的相互行为（Gronroos，Helle，2010）。虚拟社区的互动是具有目的性的。互动是创造感知价值的手段（Vargo，Lusch，2004），社区互动能够激发用户对于服务和价值的感知。从互动的本质来说，互动通过价值产生的过程作用于价值共创（Gronroos，Helle，2010）。这意味着在虚拟社区中，互动可能是共创价值的重要影响因素。而对于虚拟社区的互动，平台服务人员与用户的互动、用户与用户的互动就成了虚拟社区中互动的重要表现形式。

最早有关顾客与顾客互动的研究来源于活动服务产品模型的研究（Eiglier，Langeard，1977）。该研究发现，一个群体中的顾客可以影响该群体中其他顾客对自身服务体验的感知，进而影响顾客对价值的感知和顾客行为。虚拟社区的用户可以通过在平台上分享自身经验以及发表评论，影响其他用户对于知识和情感的认识。在虚拟社区中，用户能积极地参与价值的创造过程，主要在丁用户与用户之间的关系。一些学者认为互动包括了双方信息交换、正式或非正式沟通等互动行为（Kahn，Mcdonough，1997）。在虚拟社区中，用户与用户的互动能够实现互动双方知识的沟通和分享，从而促进知识的整合。这意味着虚拟社区中用户与用户的互动可能通过知识或信息资源的分享，获取其所需要的知识或信息，进而可能满足自身需要的实用性价值。另外，平台服务人员与用户之间的互动交流能够促进服务信息的传递，使用户更加了解平台服务的功能和使用，使得在服务使用中的各类问题都随着他们的交流而得以解决。因此，对于虚拟社区平台与用户的价值共创，资源整合可能是促进共创价值实现的重要环节。

有研究者认为资源整合是将一个参与者的资源融合到另一个参与者的服务使用过程中，包括社会的和文化的融合，使每一方参与者的资源都成为整合资源的一部分（Gummesson，Mele，2010）。资源整合过程应包括：资源补充、资源冗余和资源混合三个部分（Gummesson，Mele，2010）。而对于虚拟社区，平台服务人员与用户互动能够促进彼此信息和情感的交流，一方面使用户获得服务使用的各类有用信息，另一方面增强了用户对平台的熟悉、认可和依赖。用户与用户之间通过互动可以促进双方通过知识和情感分享来满足彼此需要，同时社交关系得到融合，促进了社区用户与用户之间的关系。从社会文化本质的角度讲，整个价值创造过程中的核心环节就是资源整合。因此，在虚拟社区中，用户通过知识和情感分享、社交关系融合等一系列资源整合过程，成了虚拟社区平台与用户价值共创的核心。

已有研究认为互动是关系营销的一个关键维度，是参与双方为了满足交流的需要而进行的重要过程；通过互动不仅能够使顾客对服务本身产生认知，更重要的是可以建立顾客与其他顾客之间的资源传递。资源传递的最终目的是实现资源整合。同时，互动能够有助于在互动过程中不同参与方的资源整合。而虚拟社区中平台服务人员与用户的信息和情感交流，用户与用户进行知识、情感和兴趣的互动，就是为了促进双方知识、情感、关系等资源整合。从价值创造的角度分析，互动交流可以促进整合的过程。在虚拟社区的资源整合过程中，通过互动实现了信息和情感的传递、社交关系的拓展，从而实现了资源的整合。

研究者还认为不同参与者之间的互动可能会影响资源整合。在虚拟社区中，用户通过互动可以将知识和情感、社交等资源进行传递，通过分享和理解的过程形成整合资源。另一些学者也在定性研究中提出互动可能会影响资源整合（Gummesson，Mele，2010）。对于虚拟社区，平台服务人员与用户的互动以及用户与用户的互动可能存在对资源整合的重要影响关系。为此，本研究提出假设：

假设5：平台服务人员与用户的互动对资源整合产生了正向显著的积极影响。

假设6：用户与用户的互动对资源整合产生了正向显著的积极影响。

三、资源整合与共创价值的关系

随着服务主导逻辑理念的出现,资源整合的概念逐渐在服务过程中产生意义。资源本身是没有内在价值的,但是通过资源的使用和资源的整合就可能激发价值的产生(Mele et al., 2010)。通过资源整合,潜在的资源可能转变为特定的利益,从而激发价值的创造(Lusch et al., 2008)。瓦格(Vargo, 2008)指出资源整合不是单向的过程,而是多向性的。这意味着资源整合是一个系统的过程,用户与用户在进行资源整合后会受到彼此的影响。从资源整合和价值创造的关系来讲,资源整合是价值创造的一个关键影响因素(Mele, Polese, 2010)。用户通过整合他们可利用的资源促进价值创造,以获取他们需要的利益。正是由于受自身利益的影响,平台服务人员与用户之间以及用户与用户之间积极地进行了资源整合,最终实现了共创价值。

根据米切尔等(Michel et al., 2008)的研究,价值可以通过经济参与者的资源交换而创造出来。这就意味着在价值共创的过程中,包括知识和其他资源的交换不仅能够产生竞争优势,更重要的是,当潜在资源通过交换而形成整合资源时,就可能有助于价值创造。由于虚拟社区的用户参与平台互动是为了获取本身所不具有的信息、情感等资源,通过平台服务人员与用户的互动以及用户与用户的互动所实现的资源整合,用户就可能有效获取所需资源。这意味着,资源整合对于虚拟社区共创价值的实现具有重要意义。

虚拟社区中的价值共创过程也包含资源整合的过程,因为社区用户所具有的资源都是有限的,难以满足自身在知识、情感等方面的需求。在以兴趣为目的形成的虚拟社区中,用户只有将情感和兴趣等话题进行分享,才能有效实现用户在心理方面的需要。梅尔等提出资源整合可能是价值创造的重要影响变量(Mele, Polese, 2010)。通过顾客整合可以使顾客主动参与到企业的服务过程中,顾客资源的融合可能促进价值的共同创造。虚拟社区中用户实现资源的整合能够将自身融入社区平台服务的过程中,必然有利于用户的共创结果。因此,虚拟社区中的资源整合可能对共创价值产生重要的影响。据此,本研究提出以下假设:

假设7:资源整合对实用价值产生了正向显著的积极影响。

假设8:资源整合对享乐价值产生了正向显著的积极影响。

假设9：资源整合对用户资产产生了正向显著的积极影响。

关系质量、互动、资源整合与用户共创价值的关系模型如图4-2所示。

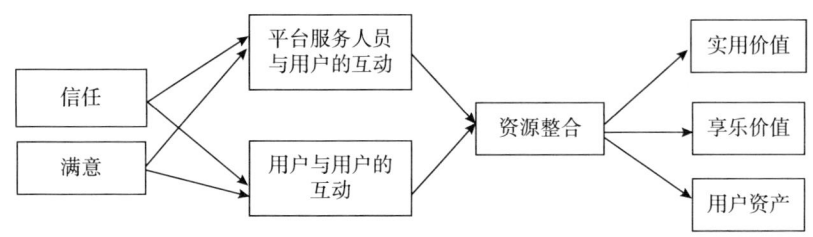

图4-2 关系质量、互动、资源整合与用户共创价值的关系模型

第三节 涉入、共创价值、流体验和行为意向的关系

一、涉入与共创价值的关系

涉入被认为可以从内在需要和兴趣等情感的角度影响人的主动行为。因此，当加强用户涉入水平时，用户进行价值共创的参与程度可能会受到影响。这意味着在虚拟社区中，涉入可能影响用户通过价值共创所实现的价值。随着学界对价值共创理论的进一步研究，涉入与价值共创过程的关系逐渐开始受到重视。在关于酒的服务市场的研究中，发现涉入包括顾客在产品方面的涉入和品牌决策方面的涉入，涉入可能对于顾客参与价值共创的程度产生影响（Hollebeek et al.，2009）。但是，已有的研究并未从实证研究的角度去验证涉入与共创价值的关系。本研究认为涉入是用户使用虚拟社区服务的重要内在影响因素，可能会激发用户通过虚拟社区的使用为自身和平台共创价值。因此，本研究提出以下假设：

假设10：涉入对实用价值具有显著的正向影响。

假设11：涉入对享乐价值具有显著的正向影响。

假设12：涉入对用户资产具有显著的正向影响。

二、共创价值与流体验的关系

研究者认为：实用价值反映了顾客所获取的有用性和相关优势，可以对顾客所获取的功能性利益进行整体评价。当虚拟社区用户衡量获取的功能性利益符合自身要求时，其进一步参与平台服务的感知认识将得到增强。而享乐价值是顾客自发的主观和个人反应，包括享乐、探索和自我表现等。当非交易类虚拟社区的用户通过社区的使用获取愉悦和精神享受时，会从心理的满足方面影响到用户心理。当用户对平台产生熟悉和信任感时，会更容易从心理上感到使用平台的放松，也有助于心理愉悦的感知以及注意力的集中。常（Chang，2013）对于社交网络游戏的研究发现，实用价值和享乐价值都可以对流体验产生重要的影响。任枫（2014）对于品牌社群的研究发现，娱乐和传递愉悦可以引起流体验。当虚拟社区的用户在平台的使用过程中获得信息、精神享受以及形成良好的用户资产时，就可能促进流体验的产生。因此，本研究提出假设：

假设13：实用价值对感知愉悦具有显著的正向影响。

假设14：实用价值对专注具有显著的正向影响。

假设15：享乐价值对感知愉悦具有显著的正向影响

假设16：享乐价值对专注具有显著的正向影响。

假设17：用户资产对感知愉悦具有显著的正向影响。

假设18：用户资产对专注具有显著的正向影响。

三、感知愉悦、关注及行为意向的关系

卡赞综合了流体验和理性行为理论，认为流体验的心理状况可能影响用户在网络环境中的探索性行为和态度（Korzaan，2003）。斯凯普认为流体验可以与购买意向和重复意向联系起来（Siekpe，2005）。同时，流体验可以和信息技术环境下的持续意向产生积极关系。因而，在非交易类虚拟社区中，流体验也可能会影响到用户的行为意向。

从流体验结构组成的角度分析，感知愉悦是用户内在的激发因素，可以影响用户对于产品和服务的接受。当用户感知虚拟社区平台的使用具有快乐和愉悦时，其使用服务的内在因素会得到增强，进而影响用户的行为和态度。当用户专注于网站服务时，会自发地使用网站服务而不受其他因素的影响；并可能影响用户对于服务的态度和使用意向。常（Chang，2013）对于社交网站游戏的研究发现，流体验可以引起用户对于社交网站游戏的重复使用意

向。非交易类虚拟社区的用户在感知到平台使用的愉悦以及沉浸于网站服务时，其行为意向也可能受到影响。因此，本书提出假设：

假设19：感知愉悦对口碑具有显著的正向影响。

假设20：感知愉悦对重复使用意向具有显著的正向影响。

假设21：专注对口碑具有显著的正向影响。

假设22：专注对重复使用意向具有显著的正向影响。

四、流体验的中介效应

在对旅游行业的研究中发现，价值可以直接影响口碑和重复旅游意向（Hutchinson et al.，2009），感知价值对行为意向具有显著的影响（Chen Ching‐Fu et al.，2010）。虚拟社区中的用户当其获取实用价值、享乐价值以及形成对平台的用户资产时，可能对用户的口碑和重复使用意向产生直接影响。常（Chang，2013）认为用户价值可以直接影响流体验。在虚拟社区中，用户通过价值共创过程实现的价值，也可能影响到用户的流体验过程。常（Chang，2013）发现了流体验对于重复使用意向的积极影响。因此在非交易类虚拟社区中，当用户经历流体验过程时，用户的口碑和重复使用意向都可能受到积极影响。通过分析发现，流体验可能在共创价值和行为意向的关系中具有中介效应作用。本书提出假设：

假设23：感知愉悦在共创价值和行为意向的关系中具有中介效应作用。

假设24：专注在共创价值和行为意向的关系中具有中介效应作用。

综上所述，本研究提出如图4-3所示的研究模型。

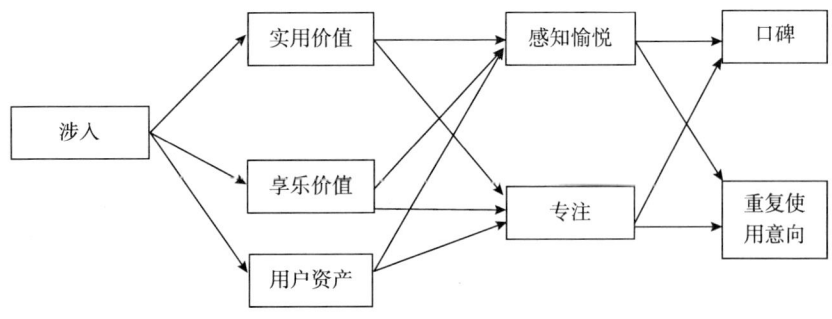

图4-3　研究模型

第四节 用户体验、共创价值的关系

用户体验被认为是用户在关注或参与某项事务中受到动机激发的认知或感知。这些认知和感知能够提高产品和服务的价值。企业使用无形的服务和有形的产品来创造用户对事物的记忆（Pine，Gilmore，1998）。由于体验是用户发自内心的心理感知，可以影响到用户的使用行为（Hsu，Tsou，2011），因此用户体验变得很重要。提高用户体验不仅可以帮助企业识别市场的商机，还可以保持竞争性的产品价格以及优化产品的功能和特性（Kao et al.，2007）。

学者们开发了一个整体性的用户体验框架来帮助企业评价不同类型的体验。用户体验是联系用户和产品的重要方法，能够提供给用户记忆性的体验，从而为产品增加价值。五种类型的用户体验是体验营销分析的重要内容，它们包括感觉、感情、思考、行为和关系。感觉体验来源于五种感觉——看、听、闻、尝和触摸，这些感觉能够影响用户的购买愿望。例如，愉快的音乐和美味的食品能够提高顾客对于产品的感知以及体验的价值，增加认识和使用这些产品或服务的兴趣（Schmitt，2012）。感情体验来自用户的内在情感。体验中的内容、音乐和形象建立了用户与服务企业的强烈联系，让用户产生了对品牌、产品或服务的积极情感反应（Kim，Perdue，2013）。思考体验目的在于激发用户去思考更多的创造性使用方法，这种体验在于整合使用者的习惯，增加他们对体验的基本认识，提高他们对于体验的兴趣。行为体验整合了各种行为，包括物理性行为、生活类型以及互动。关系体验增加了人与人之间的情感，通过文化、价值观、兴趣等将人与人联系起来。沃霍夫等（Verhoef et al.，2009）将顾客体验划分为认知、感觉、情感、社交、视觉等方面的体验。罗斯等（Rose et al.，2012）通过对在线零售方面的研究发现，在线顾客体验可以划分为认知体验和情感体验。在虚拟社区背景下，宁连举和冯鑫（2013）认为顾客体验包括了功利体验、享乐体验、社会体验和可用体验等维度，并发现体验对顾客态度的重要影响。由于在虚拟社区中，分享情感以及通过交流而建立平台的友谊关系对于用户非常重要，本研究借鉴沃霍夫等（Verhoef et al.，2009）和罗斯等（Rose et al.，2012）的研究，将用户体验划分为情感体验和关系体验两个维度来研究其与共创价值之间的关系。

许多学者都认为用户价值可以作为企业营销的关键度量，因而用户价值在营销研究的各个领域都得到重视和广泛讨论（Khalifa，2004）。用户的服务偏好或购买意向被用户价值所决定。研究者们还发现用户价值可以作为企业保持竞争优势的重要手段（Yu et al.，2013）。用户价值的重要性是基于用户对于产品和服务价值的感知（Zeithaml，1988），因此它被定义为感知利益和感知成本的差额（Lovelock，2001）。戈尔罗斯（Gronroos，2008）认为价值是一种消费价值，消费价值是一种个人价值的形式，是用户在社交互动、交换和消费中获得的价值。勒登等（Ledden et al.，2007）提出用户价值包括五种类型的价值——功能价值、社交价值、认知价值、情感价值和条件价值。用户价值是一种心理评价，不仅存在于产品和服务的使用，还来自用户自身（Tynan et al.，2010）。共创价值是企业在与顾客的相互合作中，通过互动进行服务和利益的传递来共同创造的价值（Vargo，Maglio，Akaka，2008）。万文海和王新新（2010）根据共创价值发生的领域和消费者在其中的作用，将共创价值分为生产领域的共创价值和消费领域的共创价值。王新新等（2012）提出消费者审美价值是共创价值中的重要价值，包括感官愉悦、生活意义、重构体验等维度，并且建立了消费者审美价值与品牌忠诚的关系。根据以上研究发现，共创价值改变了价值创造的传统模式，在虚拟社区中的共创价值由于服务人员并不直接参与用户的互动交换过程，并且不存在经济交易，因而与万文海和王新新（2010）等提出的消费领域的共创价值存在明显的差异。本研究将虚拟社区背景下的共创价值界定为：在虚拟社区中通过社区用户之间进行社交关系、知识等资源的传递所共同创造的价值。考虑到在虚拟社区中，用户与用户之间所交换和传递的主要是情感、信息等重要资源，因此本研究将在虚拟社区的共创过程中能够获取的价值拟定为实用价值、享乐价值和用户资产。实用价值体现为用户对自身需要的信息的获取以及良好的信息质量等；享乐价值体现为用户在价值共创过程中获得的愉悦和精神享受；用户资产是用户对于平台的熟悉、认可和依赖以及感知到平台的服务是以用户为中心的。

在虚拟社区中，平台通过提供在线服务体验能够让用户对服务体验进行衡量和心理评价。用户价值是一种感知价值，它来自用户对用户互动体验的感知，包括用户对于资源的投入和产出的衡量、服务优越性的评价、愉悦和幸福感的体验感知等（Vera，Trujillo，2013）。用户体验包括了情感和关系的体验，能够影响用户的参与和观察评价。根据用户的兴趣、动机和认知而提供特殊的体验，可为用户和平台创造价值。用户体验能够融入用户的生活中，为用户创造价值，吸引用户的使用兴趣，给用户留下积极的印象，为企业平台创造有形的收益以及无形的企业声誉（Bruhn et al.，2014）。因此，用户体验对于共创价值可能具有重要的影响。瓦格和鲁奇（Vargo，Lusch，2006）认为体验对于价值的决定非常重要。用户体验可能决定了参与体验的用户所需要的价值，同时对于平台的利益也具有积极促进作用。虚拟社区的用户体验是用户根据自身个性化需要与平台共同创造的，因此用户体验对于用户需要的价值以及平台的价值可能存在重要的影响关系。为此，本书提出以下假设：

假设25：情感体验对实用价值具有显著的正向影响。

假设26：情感体验对享乐价值具有显著的正向影响。

假设27：情感体验对用户资产具有显著的正向影响。

假设28：关系体验对实用价值具有显著的正向影响。

假设29：关系体验对享乐价值具有显著的正向影响。

假设30：关系体验对用户资产具有显著的正向影响。

第五节　用户体验质量、共创价值和行为意向的关系

研究者发现产品质量可以用来评价产品的整体优势，会影响到感知价值，进而影响顾客的行为购买结果（Zeithaml，1988）。随着对服务质量研究的重视，伯雷（Berry，2002）发现由于顾客体验与服务质量存在一致性，服务质量能够影响顾客对价值的感知。这表明对于质量的评价可能会影响到价值。在价值共创背景下，沃克特·拉玛瓦米（Verkat Ramaswamy，2008）对耐克品牌的案例研究发现顾客体验可能会激发顾客参与价值的共创，进而实现共创价值。这意味着顾客体验是价值实现的关键环节。体验良好程度或者优势

的衡量也可能存在与价值的重要关系。莱姆克等将体验质量定义为顾客对体验良好程度或者优势的衡量（Lemke et al.，2011）。

张明立等（2013）的研究也在虚拟社区环境下揭示了顾客体验质量可以直接激发共创价值的实现。本书认为，在虚拟社区中，用户的体验质量也可能激发用户和平台共同创造他们需要的价值。由此，本书提出假设：

假设31：体验质量对实用价值具有正向显著的积极影响。

假设32：体验质量对享乐价值具有正向显著的积极影响。

假设33：体验质量对用户资产具有正向显著的积极影响。

在最初的研究中，价值被认为是顾客做出购买决策的前因（Zeithaml，1988）。而对于价值与行为意向之间的关系，研究发现价值与重复购买存在积极的关系（Cronin，Morris，1989）。价值不仅会影响到重复购买决策，还可能影响到顾客的口碑推荐行为。斯耐德和波文（Schneider，Bowen，1995）发现价值可以与积极的口碑行为意向产生联系，这表明价值可能与重复购买、口碑等因素存在影响关系。哈等（Ha et al.，2010）对于餐饮行业的研究发现，实用价值和享乐价值能够对行为意向产生积极的影响。感知价值对行为意向可以产生积极的影响（Hyan et al.，2011）。

在价值共创背景下，当用户通过与其他用户的价值共创过程实现了实用性价值和享乐性价值时，用户的行为和态度也可能在需要的满足中得到激发。这表明用户共创价值也可能影响用户的行为态度结果。在虚拟社区中，用户通过价值共创过程可以获得信息等实用价值、愉悦和精神享受等享乐价值，以及形成对平台的用户资产。用户价值的实现以及用户资产的形成，会对用户的行为和态度产生影响。在虚拟社区中，用户的行为意向表现为重复使用平台的意向，以及将平台的良好服务和体验通过口碑推荐给其他用户。当共创价值实现后，可能会影响到用户的行为意向。由此，本研究提出以下假设：

假设34：实用价值对口碑具有正向显著的积极影响。

假设35：实用价值对重复使用意向具有正向显著的积极影响。

假设36：享乐价值对口碑具有正向显著的积极影响。

假设37：享乐价值对重复使用意向具有正向显著的积极影响。

假设38：用户资产对口碑具有正向显著的积极影响。

假设39：用户资产对重复使用意向具有正向显著的积极影响。

体验质量、共创价值及行为意向的关系模型如图4-4所示。

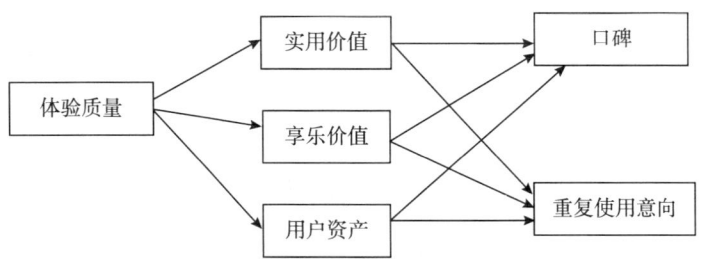

图4-4 体验质量、共创价值及行为意向的关系模型

第五章 研究设计

第一节 问卷设计

一、方法选择

由于本书需要通过实证研究验证关系模型和假设,考虑到研究的方便性和准确性,本书选择了问卷调查获取实证研究中所需要的数据。问卷调查需要满足一定量的对象调查,数据结果才能具有解释性。因此,本书采用大样本的问卷调查定量研究来分析共创价值的影响因素与自身的影响关系。通过大样本的问卷调查可以获取有关变量和量表的充分数据信息,结合实证分析方法来进行变量关系的分析,对于本书研究虚拟社区共创价值的影响机理以及模型假设的验证是非常合适的。

二、变量定义和变量测量

在进行变量测量和量表设计之前,本研究首先对拟进行研究的相关变量进行定义,以明确界定变量的内涵,这对于虚拟社区的实证研究是非常必要的。

1. 信任

虚拟社区用户根据自身兴趣和爱好参与到相应板块的使用中,对其他用户真实性和诚实性的了解,有助于用户与该板块其他用户关系的提升。彼此之间的信任能够加强用户与用户之间的关系,提升交流的意愿,促进用户与用户之间的深入交流。

2. 满意

满意表示虚拟社区用户在与其他用户关系的建立中，感知这种关系有助于实现自身目标的良好期望，以及对这种关系在心理期望上的满足。满意能够促使用户感知彼此关系的融洽，从心理的角度影响用户参与平台交流的欲望。由于虚拟社区是一种虚拟的环境，用户使用平台不仅是为了获取自身需要的信息等实用利益，更希望在这个虚拟环境使用过程中满足自身的心理需要。用户对其与其他用户之间关系的满意，会增强用户互动交流的愿望。

3. 平台服务人员与用户的互动

虚拟社区提供了用户与平台交流的场所和环境。在虚拟社区平台中，用户需要对平台的产品和服务有所了解，在产品和服务的使用过程中用户可能咨询平台服务人员。由此，就形成了平台服务人员与用户的互动交流，通过他们之间的交流，用户可以更加了解平台的服务信息；平台服务人员也能够更好地了解用户的服务使用状况，更好地提升现有的产品和服务。

4. 用户与用户的互动

虚拟社区平台提供的是自由交流和情感分享的虚拟场所，用户可以自由地与任何参与到虚拟社区平台中同一板块的用户进行在线交流。因此，用户与用户之间深入而持续的交流成了虚拟社区重要的互动交流方式，体现为用户与用户的互动。通过用户与用户的互动，用户之间的信息和情感能够得到传递，对于用户共创价值的激发可能存在重要的作用。

5. 资源整合

在虚拟社区中，通过不同用户之间的深入交流，能够实现信息、情感的传递，进而实现信息和情感等资源的分享；并且在用户与用户的互动过程中，深入的接触和交流能够有助于建立彼此之间的友谊关系，这可能促进虚拟社区中用户社交关系的整合。因此在虚拟社区中，资源整合表现为信息和情感等资源的分享，以及社交关系等资源的整合。

6. 情感体验

情感体验是指在虚拟社区的使用过程中，用户可以在自由的虚拟交流环境中体验情感传递、情感沟通以及情感的认可等全过程。通过情感体验能使用户对虚拟社区平台产生良好的感知，这可能有助于增强用户参与平台的共创行为并获取用户共创价值。

7. 关系体验

关系体验指在虚拟社区的使用过程中，用户可以体验在虚拟的环境中用户之间的联系以及用户相互之间的推荐。关系体验不仅能够促进用户达成良好的友谊关系，而且可以使彼此所具有的友谊关系得到拓展。例如，通过社区的交流，用户可以认识其他用户的朋友，从而拓展自身的社交关系。

8. 涉入

涉入指在虚拟社区的使用中，用户感知平台提供的服务与用户自身的兴趣、爱好和价值观的相关性。当用户感知平台提供的板块服务与自身的兴趣、爱好相关时，就能够从心理上激发用户使用平台的动机和行为，从而可能有效促进用户价值共创。

9. 感知愉悦

感知愉悦指在虚拟社区中参与某项服务的使用时，用户因沉浸在该活动过程中而感知到的深深的愉悦状态。感知愉悦不仅能够有效促进用户的行为，还是形成持续使用意向的重要影响因素。

10. 专注

专注指在使用虚拟社区的服务中，用户因遇到自身感兴趣的服务和任务而将所有的精力都集中于该项任务或服务中，导致忘记了其他的事情和时间的状态。专注作为流体验研究中的重要维度普遍运用于已有的研究中。本研究将专注作为流体验的重要维度之一，引入涉入、共创价值、流体验和行为意向的关系研究中。

11. 体验质量

体验质量指用户在虚拟社区平台体验过程中，对于整个体验的良好程度或优势的感知评价。当产生对体验过程积极的良好评价时，用户在体验过程中的满足感会得到增强，也使得用户所需要的共创价值得以实现。

12. 实用价值

在虚拟社区的使用过程中，信息、信息质量以及服务的方便性和合理性等实用性的价值是满足用户需要的重要方面。实用价值的实现能够满足用户在工作、生活等方面对于实用利益的需要，有助于用户更有效地完成工作和生活中的事情。由于在虚拟社区中，价值是由平台与用户共同创造的，本书的实用价值体现的是共创意义下的价值。

13. 享乐价值

在虚拟社区的使用过程中，满足用户需要的另一重要方面是用户在愉悦、精神享受和用户使用平台的意愿等心理性价值。由于愉悦、精神享受以及用户使用平台的意愿等因素涉及用户的心理需要，当享乐价值得到满足时，用户受心理因素的影响，对于用户的心理和行为都可能存在影响。这对激发用户持续使用虚拟社区平台可能存在重要的作用。因此，本研究将享乐价值纳入共创价值的重要变量之一。

14. 用户资产

在虚拟社区的使用过程中，平台与用户进行价值共创，不仅能够促进用户信息、精神享受等实用价值和享乐价值的实现，还能够在共创过程中积累良好的用户资产。用户资产包括用户对品牌的熟悉、以用户为中心的服务、用户的信任以及用户对平台的依赖等，用户资产的实现能够有效促进企业绩效的提升，因此是共创为平台创造的重要价值。

15. 口碑

口碑指虚拟社区的用户通过社区平台服务的使用，乐于将平台服务以口头表达的方式推荐给其他人的偏好和意愿，表明了用户对于虚拟社区平台的积极态度。

16. 重复使用意向

重复使用意向指虚拟社区的用户通过平台的使用所激发的持续使用平台服务的行为意愿。当用户对虚拟社区平台产生的重复使用意向强烈时，其持续使用平台服务的意向会非常强烈。

根据变量的内涵，本书设计了研究调查问卷。在初始问卷的设计过程中，为了保证问卷的准确性和真实性，首先从已有的文献资料中查找到与测量变量相关的量表，并对量表的条目内容进行翻译。在翻译工作完成后，笔者请市场营销学科的博士生导师和博士就本研究所翻译的测量变量量表条目内容进行分析和修改，以使修改后的量表条目体现虚拟社区的特征以及相应的变量。

对于量表的测量，本研究使用7分李克特量表。其中，1分表示非常不同意；2分表示不同意；3分表示有点不同意；4分表示没意见；5分表示有点同意；6 分表示同意；7 分表示非常同意。

研究所使用的测量量表如表 5-1 所示。

表 5-1 测量量表

维度	条目	变量	来源
信任	该平台的其他用户值得信任	XR1	Morgan 和 Hunt（1994）
	该平台的其他用户很诚实	XR2	
	该平台的其他用户明白做什么是正确的	XR3	
满意	我与该平台的其他用户建立了满意的关系	MY1	Morgan 和 Hunt（1994）
	我非常满意该平台提供的产品和服务	MY2	
	与平台其他用户的良好关系，超过了我的期望	MY3	
平台服务人员与用户的互动	服务人员了解我的需要并提供合理服务	FWHD1	卫海英等（2010）
	我与平台服务人员相互支持	FWHD2	
	我给平台服务人员提供合理建议	FWHD3	
	我愿与服务人员在交流中合作	FWHD4	
用户与用户的互动	在该平台上交流，给我创造了遇见朋友的好机会	YHHD1	Yoo, Arnold, Frankwick（2012）
	我与其他用户进行了紧密的合作	YHHD2	
	我与其他用户进行了热情的交流	YHHD3	
	通过与其他用户进行交流，我感到很有乐趣	YHHD4	
资源整合	在线交流中，我和其他用户的信息能得到相互补充	ZYZH1	Gummesson, Mele（2010）；Baoshan G., Baobao D.（2008）
	其他用户提供给我的补充性信息对我很有帮助	ZYZH2	
	通过在线互动交流，使我们对彼此的情感产生深刻印象	ZYZH3	
	通过在线交流，我们的信息、情感、关系得到了整合	ZYZH4	
情感体验	平台的参与过程引发我良好的情绪	QGTY1	Brengman M., Geuens M.（2004）
	平台的参与过程是令我满意的	QGTY2	
	平台的参与过程能激发我的好奇心	QGTY3	
关系体验	平台的其他用户与我建立了友谊	GXTY1	杨晓东（2007）
	我觉得平台的其他用户在真诚关心我	GXTY2	
	我感到平台的其他用户在努力维持和我的关系	GXTY3	
涉入	我觉得在这个社区平台进行交流对我而言很重要	SR1	Novak et al.（2000）
	在这个社区平台进行交流，与我的需要有关系	SR2	
	我认为这个社区平台值得关注	SR3	

续表

维度	条 目	变量	来源
感知愉悦	我感觉使用这个平台进行交流是令人愉快的	GZYY1	Moon，Kim (2001)
	我感觉使用这个平台进行交流是令人兴奋的	GZYY2	
	我感觉使用这个平台进行交流是令人感兴趣的	GZYY3	
专注	当使用这个平台时，我的注意力集中于在线交流上	ZZ1	Moon，Kim (2001)
	当使用这个平台时，我是全神贯注地进行交流的	ZZ2	
体验质量	使用该平台时，我感到高效快捷	TYZL1	Joarvitteso et al. (2000)；张丽娟 (2011)
	我感到平台的在线交流很有吸引力	TYZL2	
	平台的在线交流让我感到很放松	TYZL3	
	平台的在线交流让我感到很有趣	TYZL4	
实用价值	我觉得通过这个平台进行交流很方便	SYJZ1	Chiu H.，Hsieh Y.，Li Y. (2005)
	我觉得通过在线交流，获得的信息质量很高	SYJZ2	
	我通过在线交流收获了需要的信息	SYJZ3	
	我觉得这个平台提供的交流服务比较合理	SYJZ4	
享乐价值	在这个平台上进行交流，我感到很快乐	XLJZ1	Chiu H.，Hsieh Y.，Li Y. (2005)
	我选择这个平台不是因为不得不，而是因为我愿意	XLJZ2	
	我觉得使用这个平台进行交流是明智的选择	XLJZ3	
	通过在线互动交流，我获得了精神享受	XLJZ4	
用户资产	该平台以用户的利益为中心	YHZC1	Hyun S. S. (2009)
	通过交流使我更熟悉该平台	YHZC2	
	该平台具有愉快而吸引人的形象	YHZC3	
	该平台的在线交流服务值得信任	YHZC4	
	我对该平台产生了情感依赖	YHZC5	
口碑	我会向其他人传达该平台的正面信息	KB1	Zeithaml et al. (1996)
	我愿意向其他人推荐该平台的信息和服务	KB2	
	我会鼓励其他人来使用该平台的服务	KB3	
重复使用意向	如果重新选择，我还是会选择该平台	CFYX1	Zeithaml et al. (1996)
	我认为该平台是我的首选	CFYX2	
	我将继续做该平台的忠诚用户	CFYX3	

第二节　预调研

由于已有文献资料并未提出共创价值的维度，本研究在焦点小组访谈定性研究的基础上，要进一步确定共创价值的三个维度——实用价值、享乐价值和用户资产的量表内容，就需要进行预调研的研究，使量表的内容充分和准确。

本研究中所探索的共创价值的潜在维度，是通过预调研问卷调查并结合探索性因子分析得到的（Devellis，1991）。同时，通过预调研可以进一步发现在初始设计的问卷中存在的表述不明、不易理解以及语意不清晰等问题。通过预调研研究，可以对初始问卷进行修改，为大样本的正式问卷调研做积极准备。由于本研究的对象是使用 QQ、社交网站、微博等虚拟社区的用户，而这些用户在学生群体中表现得比较集中，因此预调研选择了北京市 120 名调研对象进行问卷调查。这些调查对象都是长期使用虚拟社区，并以之为重要交流方式的用户。通过预调研的问卷调查，为本研究进一步分析和确定共创价值的维度，以及修改和完善量表的内容条目做了积极准备。

第三节　正式问卷调研

为了确定虚拟社区共创价值的形成机理，以及共创价值与其影响因素和结果变量之间的作用机制，本研究采用了大样本的正式问卷调研方法进行研究。

一、正式问卷调研的目的

为了运用实证统计分析方法对本研究建立的模型和假设进行分析和验证，首先需要通过大样本的正式问卷调研收集与测量变量相关的数据信息。通过获取各变量的数据分析能够明确互动、关系质量和共创价值的关系，资源整合、共创价值和顾客黏性的关系，用户体验与共创价值的关系以及体验质量、用户共创价值以及行为意向之间的影响关系。

二、样本设计与问卷调研

由于本研究的主题背景是虚拟社区,因此问卷调研的数据信息来源于长期使用虚拟社区平台进行在线交流的用户。在正式问卷调研中,数据的采集是邀请单个的虚拟社区用户对象,就自身的实际对本研究的正式问卷进行填写。本研究的调查对象主要是北京和广州等大城市使用虚拟社区的用户。在这些地区,用户接触网络平台的机会更多,其切身体会更符合虚拟社区研究的要求,因此是适合本次研究的调研对象。

本研究首先对北京和广州等几所高校的在校本科生、硕士研究生和博士研究生进行问卷调查。高校大学生具有频繁和长期使用QQ、社交网站和微博等平台进行相互交流的特征,业余时间较多,符合虚拟社区所要求的需要进行信息和情感传递、建立网络社交关系等研究目的的要求。本研究通过现场发放正式调研问卷以及通过QQ群、社交网站链接等方式,收集了一定量的高校在校大学生样本作为研究的部分样本,为后续数据分析做积极准备。

考虑到虚拟社区用户的多元化,本研究还针对企业人员、公务员群体、教师、专业人士等进行样本收集。

针对企业人员群体,本研究通过对神华集团有限责任公司、慈文传媒股份有限公司登门拜访来完成样本采集。首先,在这些公司介绍本次研究的目的和方法,之后邀请在这些公司中长期使用QQ、社交网站和微博进行在线互动交流的人员进行问卷的填写,并统计了这些人员的个体信息。问卷填写后,请他们对其填写的问卷信息进行检查和核对,以保证问卷填写的准确性和可行性。

针对公务员群体、教师、专业人士和其他人员,本研究通过问卷星、QQ群等调查渠道收集相关人员的样本。

问卷样本的大小必须符合结构方程模型对样本量的要求,研究发现样本量至少要达到200份才能足够用于运行验证性因子分析(Hair, Anderson, Tatham et al., 1998)。考虑到本研究所需要的变量较多,研究条目涉及的范围较广,因此本研究收集了485份有效问卷,以有效开展验证性因子分析和结构方程模型分析。

第四节 信度与效度分析

一、信度分析

信度分析是在分析量表可靠性过程中的重要分析方法。信度分析能够检验问卷测量得到的结果是否与实际的情况相符。本研究使用 Cronbach's alpha 信度分析和建构信度分析（CR）对问卷量表的信度进行检验。

Cronbach's alpha 信度分析是衡量问卷量表一致性的重要分析方法（Hair, Anderson, Tatham et al., 1998）。Cronbach's alpha 信度系数用于检验量表内部条目的信度，将量表的各个条目作为整体进行统计分析，可得出 Cronbach's alpha 信度系数值。一般情况下，Cronbach's alpha 信度系数达到或超过 0.7，表明研究量表符合内部一致性的要求。但也有学者提出，当 Cronbach's alpha 信度系数达到 0.6 及以上，量表的内部一致性就能符合要求（Hair, Anderson, Tatham et al., 1998）。

二、效度分析

在信度分析的基础上，为了分析研究问卷在设计上的有效性，还需要对本研究所建立量表的效度进行分析和检验。效度分析是在实证研究中对量表测量的准确性进行衡量的重要方法（Hair, Anderson, Tatham et al., 1998）。量表的效度分析主要分为内容效度分析和建构效度分析。内容效度分析主要是对量表条目的表达、结构是否具有逻辑性的分析，包括邀请专家和学者对调查问卷的词汇、结构进行阅读和理解，判断和分析问卷是否根据调查目的准确地测量了相关变量内容（Zikmund, 2003）。建构效度分析主要是收敛效度分析。收敛效度分析检验的是量表的变量是否与文献回顾和假设提出的内容相一致，以及量表的条目是否反映了该变量的实际内涵。研究发现，收敛效度分析可以通过探索性因子分析的方法来完成（Parasuraman, Zeithmal, Berry, 1991）。同时，收敛效度检验还可以通过结构方程模型中的标准因子载荷和平均方差提取量（AVE）进行检验。如果各潜变量的 AVE 都得到或超过了 0.5 的可接受水平，就说明本研究的量表具有良好的收敛效度。

本研究使用 SPSS 软件和 Lisrel 软件，对数据的信度和效度，即量表的内部一致性以及文献研究的假设是否与实证分析的结果相关进行分析和检验。

第五节 探索性因子分析

探索性因子分析主要是根据定性研究所拟订的量表条目进行数据分析检验，以明确条目之间的可能关系。探索性因子分析的作用主要是明确潜在研究变量的条目结构，并对条目中不显著的部分进行删除（Hair, Anderson, Tatham et al., 1998）。

已有研究发现，探索性因子分析需要达到一定的样本要求，这样分析得出的结果才能符合研究的要求。海尔等认为，探索性因子分析要求用于分析的样本量达到 100 份以上（Hair, Anderson, Tatham et al., 1998）。有研究发现，KMO（Kaiser–Meyer–Olkin）检验和巴特利特球形检验可用来测量相关系数矩阵是否符合探索性因子分析的要求，以及研究的样本量是否充分（George, Mallery, 2001）。在进行 KMO 检验时，当 KMO 值大于 0.9 时，表明样本数据非常符合探索性因子分析的要求；而当 KMO 值低于 0.6 时，表明样本数据不适合进行探索性因子分析。

在进行 KMO 检验和巴特利特球形检验之后，需要使用因子提取和因子旋转的方法来探索量表条目潜在的关联结构（Hair, Anderson, Tatham et al., 1998）。在探索性因子分析中，极大方差旋转的方法被认为是分析量表条目与测量一致性的重要方法。因此，本书使用了极大方差旋转的方法，并对旋转以后的因子载荷进行了分析。当因子载荷达到 0.4 时，符合因子分析标准的最低要求；当因子载荷大于 0.5 时，是比较好的分析结果（Hair, Anderson, Tatham et al., 1998）。本研究使用 0.5 作为探索性因子分析的标准值来衡量量表维度的条目。

第六节 验证性因子分析

本书使用结构方程模型分析方法来检验结构方程模型变量与其相关因子

的一致性,并进一步完成本研究的验证性因子分析的相关研究工作。通过检验测量标准因子负荷,可以检验结构方程模型变量与其相关因子的一致性,并且发现 0.5 是检验测量标准因子负荷的标准值。

本研究使用卡方与自由度比值的方法对结构方程模型拟合程度进行测量和检验(Hair,Anderson,Tatham et al.,1998),即 χ^2/df。自由度表示与统计值相关的卡方检验值应该在 0 左右,即 $p<0.05$ 或 $p<0.01$。

为了对结构方程模型进行全面、系统的评价,还需要对近似误差的平方根(RMSEA)、拟合优度指数(GFI)、本特勒-波内特规范指数(NFI)、比较拟合度指数等进行衡量和检验。RMSEA 反映的是模型相对于各个变量自由度的拟合程度(Hair,Anderson,Tatham et al.,1998)。当 RMSEA 小于 0.08 时,模型的拟合程度符合要求(Baumgartner,Homburg,1996)。当 GFI、NFI 的结果接近或大于 0.9 时,表明模型拟合得较好(Hair,Anderson,Tatham et al.,1998)。

第七节 结构方程模型分析

本研究使用结构方程模型分析方法进行模型假设的验证。结构方程模型是一种多层级因果变量关系的数据分析方法,使用结构方程模型不仅能够揭示变量与其因子之间的关系,更能揭示变量之间的重要影响关系。由于本研究在探讨虚拟社区共创价值的形成机理中存在多个因变量和中介变量的情况,因此结构方程模型分析是适合本研究进行变量关系检验的研究方法。

本研究使用结构方程模型对模型假设进行全面的分析和检验。首先,对研究模型的数据信息进行验证性因子分析。分析不同潜变量标准回归的系数权重载荷,保留标准回归的系数权重载荷在 0.5 以上的因子,低于 0.5 的因子进行删除;同时分析结构模型的拟合情况,卡方与自由度的比值需要小于 3,RMSEA 需要小于 0.08,其他的拟合指标也都要符合结构方程模型的标准值。通过验证性因子分析的结果,分析和检验模型与实证研究得出的分析结果是否满足模型拟合的要求。为了检验变量之间的关系是否显著,在结构方程模型分析中,本研究使用 T 值来检验路径系数的显著性,以 1.98 作为结构模型 T 值检验的标准。当路径系数所对应的 T 值大于 1.98 时，其路径系数是显著的，否则路径系数是不显著的。在结构方程模型中，通过对变量关系路径系数的显著性衡量，就能够检验变量与变量之间的影响关系是否显著，以检验在文献分析部分所提出的相关研究假设。

第六章 数据分析

第一节 预调研数据分析

一、预调研描述性统计分析

本研究一共发放 120 份预调研问卷，回收有效问卷 105 份，有效率为 87.5%。在有效样本中，男性占 49.5%，女性占 50.5%；在年龄方面，25 岁及以下的占 67.6%，26~35 岁的占 27.6%，36 岁及以上的占 4.8%；在学历方面，大专或本科的占 94.3%，硕士研究生占 5.7%；在职业方面，学生占 62.5%，企业人员占 32.4%，公务员占 1.9%，教师占 3.1%；在使用虚拟社区方面，使用 QQ 空间的占 33.3%，使用腾讯微博的占 10.5%，使用网易微博的占 7.6%，使用新浪微博的占 39.0%，使用人人网的占 7.6%，使用开心网的占 1.0%，使用其他平台的占 1.0%。本研究的样本结构基本符合 CNNIC《2015 年中国网民社交网站应用研究报告》中介绍的中国使用在线虚拟社区的人员结构。因此，本调研样本对于本研究是具有代表性的。

二、探索性因子分析

本研究运用探索性因子分析确定和完善因子的维度以及变量的条目。探索性因子分析中 KMO 检验和巴特利特检验结构为 KMO = 0.878，Bartlett's test Sig = 0.000，这表明样本数据适合做因子分析。探索性因子分析解释了方差变化的 70.58%，表明预调研数据符合探索性因子分析的要求。

由于预调研的数据满足了探索性因子分析的要求,本研究在因子分析中保留了所有因子载荷在 0.5 以上的变量条目,具体情况见表 6-1。

表 6-1 因子载荷

条 目		因子载荷
信任	XR1	0.687
	XR2	0.724
	XR3	0.640
满意	MY1	0.691
	MY2	0.553
	MY3	0.736
平台服务人员与用户的互动	FWHD1	0.723
	FWHD2	0.710
	FWHD3	0.697
	FWHD4	0.731
用户与用户的互动	YHHD1	0.737
	YHHD2	0.625
	YHHD3	0.608
	YHHD4	0.755
资源整合	ZYZH1	0.721
	ZYZH2	0.741
	ZYZH3	0.747
	ZYZH4	0.710
情感体验	QGTY1	0.711
	QGTY2	0.694
	QGTY3	0.676
关系体验	GXTY1	0.794
	GXTY2	0.664
	GXTY3	0.585
涉入	SR1	0.702
	SR2	0.784
	SR3	0.725

续表

条　目		因子载荷
感知愉悦	GZYY1	0.687
	GZYY2	0.734
	GZYY3	0.795
专注	ZZ1	0.752
	ZZ2	0.787
体验质量	TYZL1	0.735
	TYZL2	0.788
	TYZL3	0.864
	TYZL4	0.876
实用价值	SYJZ1	0.668
	SYJZ2	0.690
	SYJZ3	0.698
	SYJZ4	0.693
享乐价值	XLJZ1	0.690
	XLJZ2	0.744
	XLJZ3	0.831
	XLJZ4	0.745
用户资产	YHZC1	0.703
	YHZC2	0.683
	YHZC3	0.712
	YHZC4	0.691
	YHZC5	0.702
口碑	KB1	0.720
	KB2	0.750
	KB3	0.748
重复使用意向	CFSYYX1	0.732
	CFSYYX2	0.764
	CFSYYX3	0.605

根据探索性因子分析和焦点小组定性研究，本研究认为实用价值、享乐价值和用户资产可以作为共创价值的维度，并且研究问卷所拟定的变量条目

适合本研究进行测量（见表6-2）。

表6-2 共创价值研究量表

维　　度	条　　目
实用价值	我觉得通过这个平台进行交流很方便
	我觉得通过在线交流获得的信息质量很高
	我通过在线交流收获了需要的信息
	我觉得这个平台提供的交流服务比较合理
享乐价值	在这个平台上进行交流，我感到很快乐
	我选择这个平台不是因为不得不，而是因为我愿意
	我觉得使用这个平台进行交流是明智的选择
	通过在线互动交流，我获得了精神享受
用户资产	该平台以用户的利益为中心
	通过交流使我更熟悉该平台
	该平台具有愉快而吸引人的形象
	该平台的在线交流服务值得信任
	我对该平台产生了情感依赖

第二节　描述性统计分析

在预调研之后，本研究开展了正式问卷调研。在正式调研中，本研究共发放了800份正式问卷，回收有效问卷485份，有效率为60.6%。表6-3是正式调研的描述性统计分析，可以看出研究的样本结构基本符合CNNIC《2015年中国网民社交网站应用研究报告》中介绍的中国使用在线社区的人员结构。

表6-3 正式调研描述性统计分析

项　目	分　类	样本数	百分比
性别	男	238	49.1%
	女	247	50.9%
年龄	25岁及以下	362	74.6%
	26~35岁	98	20.2%
	36~45岁	24	5.0%
	46岁及以上	1	0.2%

续表

项　　目	分　类	样本数	百分比
学历	高中及以下	70	14.4%
	大专或本科	362	74.6%
	硕士研究生	48	9.9%
	博士研究生	5	1.1%
职业	学生	313	64.5%
	企业人员	125	25.8%
	公务员	25	5.2%
	教师	20	4.1%
	其他人员	2	0.4%
使用平台	QQ空间	194	40.0%
	腾讯微博	48	9.9%
	网易微博	27	5.6%
	新浪微博	113	23.3%
	人人网	82	16.9%
	开心网	11	2.3%
	其他	10	2.0%

第三节　信度和效度分析

一、信度分析

本研究通过信度分析来检验量表的一致性。研究结果发现，Cronbach's alpha 系数均大于 0.6 的标准值，量表总体的 Cronbach's alpha 系数为 0.954，大于 0.6 的标准值，这表明本研究问卷与正式调研的数据信度良好（见表 6-4）。

表6-4 信度分析

序号	变量	Cronbach's alpha
1	信任	0.791
2	满意	0.781
3	平台服务人员与用户的互动	0.841
4	用户与用户的互动	0.729
5	资源整合	0.779
6	情感体验	0.761
7	关系体验	0.640
8	涉入	0.758
9	感知愉悦	0.753
10	专注	0.673
11	体验质量	0.776
12	实用价值	0.725
13	享乐价值	0.758
14	用户资产	0.746
15	口碑	0.782
16	重复使用意向	0.785

量表各变量的组合信度均大于0.6的标准值，表明组合信度符合要求。

二、效度分析

本研究使用AVE值来验证收敛效度。研究结果显示，测量的所有变量的AVE值均大于或接近于0.5（见表6-5），符合AVE值测量的要求，表明量表具有良好的收敛效度。

第四节 验证性因子分析

本研究使用结构方程模型中的测量模型方法进行验证性因子分析，以分析模型的拟合程度，如表6-5所示。

表6-5 验证性因子分析

变量	测量条目	因子载荷	T值	AVE值	组合信度
信任	XR1	0.74	18.01	0.626	0.834
	XR2	0.85	21.65		
	XR3	0.78	19.19		
满意	MY1	0.79	19.77	0.603	0.820
	MY2	0.76	18.58		
	MY3	0.78	19.50		
平台服务人员与用户的互动	FWHD1	0.77	19.11	0.564	0.838
	FWHD2	0.79	19.65		
	FWHD3	0.74	18.20		
	FWHD4	0.70	16.62		
用户与用户的互动	YHHD1	0.68	15.76	0.459	0.772
	YHHD2	0.66	15.17		
	YHHD3	0.69	16.01		
	YHHD4	0.68	15.64		
资源整合	ZYZH1	0.70	16.69	0.536	0.821
	ZYZH2	0.80	20.12		
	ZYZH3	0.76	18.74		
	ZYZH4	0.66	15.54		
情感体验	QGTY1	0.74	18.00	0.531	0.772
	QGTY2	0.79	19.44		
	QGTY3	0.65	14.97		
关系体验	GXTY1	0.76	17.31	0.529	0.771
	GXTY2	0.69	15.87		
	GXTY3	0.73	16.91		
涉入	SR1	0.68	15.44	0.519	0.764
	SR2	0.75	17.59		
	SR3	0.73	16.89		
感知愉悦	GZYY1	0.69	15.89	0.504	0.753
	GZYY2	0.73	17.20		
	GZYY3	0.71	16.42		

续表

变量	测量条目	因子载荷	T 值	AVE 值	组合信度
专注	ZZ1	0.68	14.19	0.512	0.677
	ZZ2	0.75	15.63		
体验质量	TYZL1	0.81	17.95	0.532	0.819
	TYZL2	0.69	16.11		
	TYZL3	0.70	16.41		
	TYZL4	0.71	16.86		
实用价值	SYJZ1	0.67	15.64	0.456	0.770
	SYJZ2	0.71	16.96		
	SYJZ3	0.68	16.01		
	SYJZ4	0.64	14.64		
享乐价值	XLJZ1	0.70	16.56	0.501	0.801
	XLJZ2	0.67	15.84		
	XLJZ3	0.75	18.40		
	XLJZ4	0.71	16.95		
用户资产	YHZC1	0.71	17.40	0.527	0.847
	YHZC2	0.73	17.88		
	YHZC3	0.82	21.05		
	YHZC4	0.71	17.39		
	YHZC5	0.65	15.43		
口碑	KB1	0.66	15.25	0.551	0.785
	KB2	0.78	19.09		
	KB3	0.78	19.18		
重复使用意向	CFSYYX1	0.74	17.76	0.553	0.788
	CFSYYX2	0.77	18.92		
	CFSYYX3	0.72	17.37		

研究结果显示：卡方与自由度的比值为 2.482，小于 3，符合标准要求，并且显著性检验显著，$P=0.000$；RMSEA 为 0.054，小于 0.08 的标准值；其他各项指标均接近或达到 0.90 的标准值。其中，GFI = 0.85、NFI = 0.96、NNFI = 0.97、RFI = 0.96、IFI = 0.98、CFI = 0.98，表明验证性因子分析中模型的拟合程度较好。通过对验证性因子分析的维度因子的一致性检验发现，

因子条目的标准因子负荷均大于0.5的标准值,表明验证性因子分析的模型拟合程度良好(见表6-6)。

表6-6 验证性因子一致性检验

条 目		标准因子负荷	T值
信任	XR1	0.74	18.01
	XR2	0.85	21.65
	XR3	0.78	19.19
满意	MY1	0.79	19.77
	MY2	0.76	18.58
	MY3	0.78	19.50
平台服务人员与用户的互动	FWHD1	0.77	19.11
	FWHD2	0.79	19.65
	FWHD3	0.74	18.20
	FWHD4	0.70	16.63
用户与用户的互动	YHHD1	0.68	15.76
	YHHD2	0.66	15.17
	YHHD3	0.69	16.01
	YHHD4	0.68	15.64
资源整合	ZYZH1	0.70	16.69
	ZYZH2	0.80	20.12
	ZYZH3	0.76	18.74
	ZYZH4	0.66	15.54
情感体验	QGTY1	0.74	18.00
	QGTY2	0.79	19.44
	QGTY3	0.65	14.97
关系体验	GXTY1	0.76	17.31
	GXTY2	0.69	15.87
	GXTY3	0.73	16.91
涉入	SR1	0.68	15.44
	SR2	0.75	17.59
	SR3	0.73	16.89

续表

条　目		标准因子负荷	T值
感知愉悦	GZYY1	0.69	15.89
	GZYY2	0.73	17.20
	GZYY3	0.71	16.42
专注	ZZ1	0.68	14.19
	ZZ2	0.75	15.63
体验质量	TYZL1	0.81	17.95
	TYZL2	0.69	16.11
	TYZL3	0.70	16.41
	TYZL4	0.71	16.86
实用价值	SYJZ1	0.67	15.64
	SYJZ2	0.71	16.96
	SYJZ3	0.68	16.01
	SYJZ4	0.64	14.64
享乐价值	XLJZ1	0.70	16.56
	XLJZ2	0.67	15.84
	XLJZ3	0.75	18.40
	XLJZ4	0.71	16.95
用户资产	YHZC1	0.71	17.40
	YHZC2	0.73	17.88
	YHZC3	0.82	21.05
	YHZC4	0.71	17.39
	YHZC5	0.65	15.43
口碑	KB1	0.66	15.25
	KB2	0.78	19.09
	KB3	0.78	19.18
重复使用意向	CFSYYX1	0.74	17.76
	CFSYYX2	0.77	18.92
	CFSYYX3	0.72	17.37

第五节　关系质量、互动、资源整合和共创价值的关系

为了在非交易类虚拟社区中进一步验证关系质量、互动通过资源整合作用于共创价值的影响关系，本研究使用Lisrel8.7软件的结构方程模型检验方法，对关系质量、互动、资源整合和共创价值的影响关系进行了分析研究。其中，关系质量包括信任和满意两个维度，互动包括平台服务人员和用户的互动与用户和用户的互动两个维度，共创价值包括实用价值、享乐价值和用户资产三个维度。

结构方程模型的结果显示，卡方与自由度的比值为2.89，小于3，符合标准要求，并且显著性检验显著，$P=0.000$；RMSEA为0.079，小于0.08的标准值。其他各项指标均接近或达到0.90的标准值。其中，$GFI=0.88$、$NFI=0.94$、$NNFI=0.95$、$RFI=0.94$、$IFI=0.95$、$CFI=0.95$，表明数据与模型的拟合情况较好。

对于假设验证方面，本研究通过对结构模型的影响路径进行衡量。如表6-7所示，研究发现信任对平台服务人员和用户的互动和用户与用户的互动的标准路径系数分别为0.13和0.01，T值分别为1.64和0.14，均小于1.96的标准值。这表明信任对平台服务人员与用户的互动没有产生正向显著的积极影响，信任对用户与用户的互动也没有产生正向显著的积极影响，假设1没有得到验证，假设2也没有得到验证。满意对平台服务人员与用户的互动和用户与用户的互动的标准路径系数分别为0.72和0.68，T值分别为8.32和6.65，均大于1.96的标准值。这表明满意对平台服务人员与用户的互动产生了正向显著的积极影响，满意对用户与用户的互动也具有正向显著的积极影响，假设3和假设4均得到验证。平台服务人员与用户的互动对资源整合的标准路径系数为0.28，T值为5.38，大于1.96的标准值，这表明平台服务人员与用户的互动对资源整合具有正向显著的积极影响，假设5得到验证。用户与用户的互动对资源整合的标准路径系数为0.65，T值为9.05，大于1.96的标准值。这表明用户与用户的互动对资源整合具有正向显著的积极影响，假设6得到验证。资源整合对实用价值的标准路径系数为0.89，T值为

12.54，大于1.96的标准值。这表明资源整合对实用价值具有正向显著的积极影响，假设7得到验证。资源整合对享乐价值的标准路径系数为0.87，T值为11.88，大于1.96的标准值。这表明资源整合对享乐价值具有正向显著的积极影响，假设8得到验证。资源整合对用户资产的标准路径系数为0.87，T值为12.13，大于1.96的标准值。这表明资源整合对用户资产具有正向显著的积极影响，假设9得到验证。关系质量、互动、资源整合和共创价值影响关系的结构模型如图6-1所示。从以上模型可以发现，关系质量的其中一个维度信任对互动没有产生显著的影响，而满意度对平台服务人员与用户的互动和用户与用户的互动都产生了显著的影响，成了互动的重要影响因素。平台服务人员与用户的互动和用户与用户的互动对资源整合都产生显著的影响，成了资源整合的重要影响因素。资源整合对共创价值的三个维度实用价值、享乐价值和用户资产都产生了显著的重要影响，表明资源整合是共创价值形成的重要影响因素。

表6-7 关系质量、互动、资源整合、用户共创价值的结构模型检验

假设路径关系	标准化路径系数	T值	验证结果
信任——平台服务人员与用户的互动	0.13	1.64	假设1 未得到验证
信任——用户与用户的互动	0.01	0.14	假设2 未得到验证
满意——平台服务人员与用户的互动	0.72	8.32	假设3 得到验证
满意——用户与用户的互动	0.68	6.65	假设4 得到验证
平台服务人员与用户的互动——资源整合	0.28	5.38	假设5 得到验证
用户与用户的互动——资源整合	0.65 ***	9.05	假设6 得到验证
资源整合——实用价值	0.89 ***	12.54	假设7 得到验证
资源整合——享乐价值	0.87 ***	11.88	假设8 得到验证
资源整合——用户资产	0.87	12.13	假设9 得到验证

注：*** 表示 $p<0.001$。

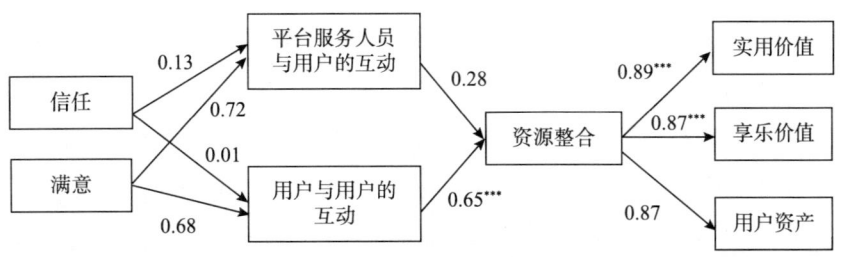

图6-1 关系质量、互动、资源整合、用户共创价值模型假设检验结果

注：*** 表示 $p<0.001$。

第六节　涉入、共创价值、流体验和行为意向的关系

为了验证模型的影响关系，本研究使用 Lisrel 8.7 软件进行结构方程模型分析研究。结构方程模型分析研究可以明确分析模型的直接影响和间接影响关系，因此是适合验证模型影响关系的研究方法。从结构方程模型的拟合方面：模型的 χ^2/df 为 2.51（小于 3），符合标准要求；RMSEA 值为 0.072（小于 0.08），符合标准要求；IFI 为 0.97、CFI 为 0.97、NFI 为 0.96、NNFI 为 0.96、RFI 为 0.95、GFI 为 0.87，拟合指标都接近或超过了 0.90 的标准值。所有指标都在可以接受的范围内，说明本研究的模型假设与数据拟合程度较好。

根据图 6-2 和表 6-8 的模型假设检验结果显示，涉入对实用价值、享乐价值和用户资产的影响路径，T 值分别为 14.16、13.87、13.26，均大于 1.96 的标准值。这表明涉入对实用价值、享乐价值和用户资产均产生了显著的正向影响，即假设 10、假设 11、假设 12 得以验证。实用价值对于流体验的两个维度——感知愉悦和关注的路径，T 值分别为 3.37 和 -1.25。这表明实用价值对感知愉悦产生了显著影响，而实用价值对于专注的影响不显著，假设 13 得到验证，假设 14 没有得到验证。享乐价值对于流体验的两个维度——感知愉悦和专注的路径，T 值分别为 5.28 和 3.15，均大于 1.96 的标准值。这表明享乐价值对流体验的两个维度均产生了显著的正向影响，即假设 15、假设 16 得以验证。用户资产对于流体验的两个维度——感知愉悦和专注的影响路径，T 值分别为 3.77 和 4.41，均大于 1.96 的标准值。这表明用户资产对流体验的两个维度均产生了显著的正向影响，即假设 17、假设 18 得到验证。对于流体验与行为意向关系的检验，其中感知愉悦对于口碑和重复使用意向的路径，T 值分别为 10.70 和 11.58，均大于 1.96 的标准值。这表明感知愉悦对于行为意向的两个维度均产生了显著的正向影响，即假设 19、假设 20 得到验证。而专注对于行为意向的两个维度口碑和重复使用意向的影响均不显著，假设 21、假设 22 没有得到验证。

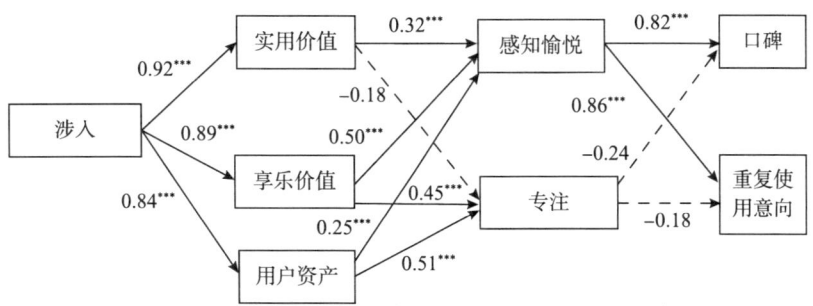

图 6-2 涉入、共创价值、流体验和行为意向的模型假设检验结果

注：*** 表示 $p < 0.001$，虚线表示路径不显著。

表 6-8 模型的基本路径检验（一）

假设路径关系	标准化路径系数	T 值	验证结果
涉入——实用价值	0.92 ***	14.16	假设 10 得到验证
涉入——享乐价值	0.89 ***	13.87	假设 11 得到验证
涉入——用户资产	0.84 ***	13.26	假设 12 得到验证
实用价值——感知愉悦	0.32 ***	3.37	假设 13 得到验证
实用价值——专注	-0.18	-1.25	假设 14 未得到验证
享乐价值——感知愉悦	0.50 ***	5.28	假设 15 得到验证
享乐价值——专注	0.45 ***	3.15	假设 16 得到验证
用户资产——感知愉悦	0.25 ***	3.77	假设 17 得到验证
用户资产——专注	0.51 ***	4.41	假设 18 得到验证
感知愉悦——口碑	0.82 ***	10.70	假设 19 得到验证
感知愉悦——重复使用意向	0.86 ***	11.58	假设 20 得到验证
专注——口碑	-0.24	-2.85	假设 21 未得到验证
专注——重复使用意向	-0.18	-2.24	假设 22 未得到验证

注：*** 表示 $p < 0.001$。

本研究使用 SPSS13.0 对流体验在共创价值和行为意向关系中的中介效应作用进行检验，将性别、年龄、学历、职业等作为控制变量放入回归分析的自变量中进行回归分析（见表 6-9）。

表6-9 回归分析

假设路径关系	标准化回归系数	Sig.
实用价值→口碑	0.254	0.000
享乐价值→口碑	0.269	0.000
用户资产→口碑	0.260	0.000
实用价值→重复使用意向	0.219	0.000
享乐价值→重复使用意向	0.332	0.000
用户资产→重复使用意向	0.281	0.00
实用价值→感知愉悦	0.219	0.00
享乐价值→感知愉悦	0.315	0.000
用户资产→感知愉悦	0.234	0.000
实用价值→专注	0.067	0.218
享乐价值→专注	0.182	0.001
感知愉悦→口碑	0.422	0.000
感知愉悦→重复使用意向	0.354	0.000
专注→口碑	0.143	0.002
专注→重复使用意向	0.115	0.018

以上分析结果表明感知愉悦在共创价值和行为意向的关系中具有部分中介效应作用,而专注在共创价值和行为意向的关系中不具有中介效应作用。即假设23得到验证,而假设24未能验证。

第七节 用户体验和共创价值的关系

结构方程模型的数据结果显示:模型的 χ^2/df 为2.86,小于标准值3;RMSEA值为0.077,小于0.08的标准值;IFI为0.96、CFI为0.96、NFI为0.96、NNFI为0.96、RFI为0.95、GFI=0.87,拟合指标都接近或超过了0.90的标准值。所有指标都在可以接受的范围内,说明本研究的模型假设与数据拟合程度良好。在模型的假设验证方面,从表6-10中可知:情感体验对实用价值、享乐价值和用户资产都产生了积极显著的正向影响,T值分别为3.67、2.62和4.01,均大于1.96的标准值,即假设25、假设26、假设27

得到验证；关系体验对实用价值、享乐价值和用户资产都产生了积极显著的正向影响，T 值分别为 4.98、5.60 和 5.32，均大于 1.96 的标准值，即假设 28、假设 29、假设 30 得到验证。

表 6-10 模型的基本路径检验（二）

假设路径关系	标准化路径系数	T 值	验证结果
情感体验——→实用价值	0.40***	3.67	假设 25 得到验证
情感体验——→享乐价值	0.29***	2.62	假设 26 得到验证
情感体验——→用户资产	0.43***	4.01	假设 27 得到验证
关系体验——→实用价值	0.55***	4.98	假设 28 得到验证
关系体验——→享乐价值	0.64***	5.60	假设 29 得到验证
关系体验——→用户资产	0.58***	5.32	假设 30 得到验证

注：*** 表示 $p < 0.001$。

第八节 体验质量、共创价值和行为意向的关系

结构模型的拟合结果为：模型的卡方与自由度的比值为 2.84，小于标准值 3；RMSEA 值为 0.076，小于 0.08 的标准值；IFI 为 0.96、CFI 为 0.96、NFI 为 0.95、NNFI 为 0.96、RFI 为 0.94、GFI 为 0.90，拟合指标符合了 0.90 的标准值。这表明结构模型的拟合情况符合要求。

根据图 6-3 和表 6-11 的模型假设检验结果显示：体验质量对实用价值影响的路径系数为 0.87，T 值为 13.25，大于 1.96 的标准值，表明体验质量能够对实用价值产生正向显著的积极影响，即假设 31 得到验证。体验质量对享乐价值影响的路径系数为 0.85，T 值为 12.94，大于 1.96 的标准值，表明体验质量能够对享乐价值产生正向显著的积极影响，即假设 32 得到验证。体验质量对用户资产影响的路径系数为 0.84，T 值为 12.58，大于 1.96 的标准值，表明体验质量能够对用户资产产生正向显著的积极影响，即假设 33 得到验证。实用价值对口碑影响的路径系数为 0.46，T 值为 4.94，大于 1.96 的标准值，表明实用价值对口碑产生了正向显著的积极影响，即假设 34 得到验证。实用价值对重复使用意向影响的路径系数为 0.40，T 值为 4.62，大于 1.96 的标准值，表明实用价值对重复使用意向产生了正向显著的积极影响，

即假设35得到验证。享乐价值对口碑影响的路径系数为0.44，T值为4.80，大于1.96的标准值，表明享乐价值对口碑产生了正向显著的积极影响，即假设36得到验证。享乐价值对重复使用意向影响的路径系数为0.54，T值为4.94，大于1.96的标准值，享乐价值对重复使用意向产生了积极影响，即假设37得到验证。用户资产对口碑影响的路径系数为0.38，T值为4.36，大于1.96的标准值，表明用户资产对口碑产生了正向显著的积极影响，即假设38得到验证。用户资产对重复使用意向影响的路径系数为0.48，T值为5.65，大于1.96的标准值，用户资产对重复使用意向产生了积极影响，即假设39得到验证。

通过研究结果，本研究发现体验质量能够对共创价值的三个维度——实用价值、享乐价值和用户资产产生正向显著的积极影响。共创价值的三个维度——实用价值、享乐价值和用户资产，都分别对口碑、重复使用意向产生了正向显著的积极影响。这表明通过平台和用户价值共创所形成的价值，包括实用价值、享乐价值和用户资产都对用户的行为意向产生了积极显著的正向影响，研究的结果证实了本研究提出的相关假设。

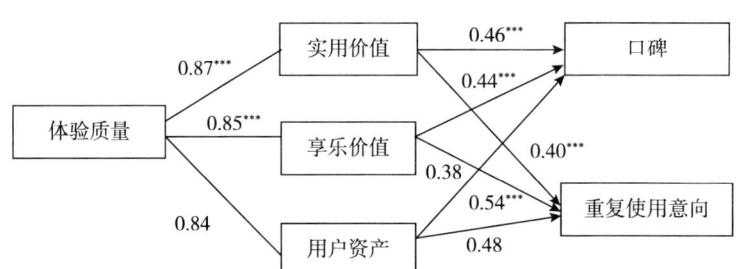

图6-3 体验质量、用户共创价值、行为意向模型假设检验结果

注：*** 表示 $p<0.001$，虚线表示路径不显著。

表6-11 体验质量、用户共创价值、行为意向的结构模型检验

假设路径关系	标准化路径系数	T值	验证结果
体验质量——实用价值	0.87 ***	13.25	假设31得到验证
体验质量——享乐价值	0.85 ***	12.94	假设32得到验证
体验质量——用户资产	0.84	12.58	假设33得到验证
实用价值——口碑	0.46 ***	4.94	假设34得到验证

续表

假设路径关系	标准化路径系数	T值	验证结果
实用价值——→重复使用意向	0.40***	4.62	假设35得到验证
享乐价值——→口碑	0.44***	4.80	假设36得到验证
享乐价值——→重复使用意向	0.54***	4.94	假设37得到验证
用户资产——→口碑	0.38	4.36	假设38得到验证
用户资产——→重复使用意向	0.48	5.65	假设39得到验证

注：*** 表示 $p<0.001$。

第七章 结论与建议

第一节 结 论

本书以虚拟社区为研究背景,通过研究用户与平台的价值共创,提出了虚拟社区环境下的共创价值维度构成,并分析了虚拟社区共创价值的影响因素。本书从理论上丰富了共创价值的构成研究以及形成机理研究,拓展了共创价值的理论研究,为今后的市场营销和共创价值研究者提供了新的理论参考。

一、提出了虚拟社区背景下的共创价值构成

共创价值是价值创造在服务主导逻辑的背景下提出的价值形成方式。服务主导逻辑强调服务成了企业与顾客价值创造的中心,顾客从被动的价值接受者逐渐转变成积极主动的价值共创者。服务主导逻辑研究进一步指出,价值是在企业提供价值实现的条件的基础上,通过企业与顾客价值共创所形成的。在价值创造过程中,企业提供了服务的条件,顾客通过使用产品和服务为自身和企业共创了价值,所实现的价值即是共创价值。

虚拟社区是在虚拟网络情境下,由用户与用户之间的兴趣、价值观等的相似性所形成的社区。虚拟社区的共创价值是在平台提供服务的基础上,通过平台与用户的价值共创过程所形成的。

本书通过理论研究和焦点小组访谈定性研究发现,虚拟社区共创价值是由实用价值、享乐价值和用户资产三个维度所构成,实用价值和享乐价值是

平台与用户价值共创为用户所共创的价值，用户资产是平台与用户价值共创为虚拟社区平台所共创的价值。其中，实用价值表现为在虚拟社区价值共创中所形成的重要信息和良好的信息质量，以及用户对于平台所提供合理服务的感知。实用价值是用户在平台中所获得的物质性价值，对于满足用户的实际利益需求具有重要的作用。享乐价值表现为平台与用户价值共创促进用户获取的精神享受，是用户在虚拟社区价值共创中获得的重要心理价值，能够从心理和精神层面满足用户的需求。用户资产表现为平台与用户价值共创所形成的，用户对于平台以用户为中心的感知，用户对于平台熟悉度的增强，用户对于平台的信任和依恋等重要方面。由于用户资产是用户生命周期价值的折现和，是企业长期价值的决定因素，是用户为企业提供的最可靠收入与利润来源，因此，本书认为用户资产是虚拟社区平台与用户价值共创为平台所共创的重要价值。

虚拟社区共创价值维度构成的提出，不仅能够丰富现有的共创价值维度研究，还能够在网络社区情境下研究共创价值与其影响因素和结果变量的关系，更深入地分析共创价值的影响因素分别对实用价值、享乐价值和用户资产的重要影响，揭示虚拟社区共创价值的形成机理，进一步完善现有的共创价值理论研究。

二、共创价值与其影响因素的关系

（一）关系质量、互动、资源整合的影响

虚拟社区共创价值是平台与用户通过价值共创所实现的价值，包括用户价值和平台价值。共创价值会受到哪些因素的影响呢？本书首先通过定性研究提出了共创价值的三个维度，包括实用价值、享乐价值和用户资产。

平台与用户参与价值共创必然会形成用户与用户之间的关系，在平台的服务和交流中也会形成平台服务人员与用户的互动以及用户与用户的互动。平台与用户进行价值共创必然存在平台资源的投入以及用户资源的投入，由此形成虚拟社区平台资源的整合。本书通过理论研究，构建了关系质量通过互动和资源整合对共创价值的影响关系模型。其中，关系质量分为信任和满意两个维度，互动分为平台服务人员与用户的互动以及用户与用户的互动，共创价值分为实用价值、享乐价值和用户资产三个维度。

实证研究表明，关系质量的其中一个维度信任，对平台服务人员与用户的互动以及用户与用户的互动均未产生显著的影响，说明在虚拟社区中用户之间的信任并未激发虚拟社区中的互动行为。原因在于，虚拟社区是一个匿名的虚拟场所，用户享受虚拟社区服务主要是为了获得自身愉悦的体验，对其他用户身份的真实性并不是特别重视。虚拟社区中平台服务人员参与平台的交流偏少，用户对其了解不够，对平台服务的认可也不能直接导致平台服务人员与用户的互动以及用户与用户的互动的增多。

关系质量的另一维度满意，对平台服务人员与用户的互动以及用户与用户的互动均产生了显著的影响。虚拟社区平台中用户的满意代表了用户对平台中用户关系的满意，以及用户对平台产品和服务的满意。由于用户使用微博和社交网站等虚拟社区平台主要是为了获得信息、愉悦的精神享受，在平台中感知用户之间融洽而满意的关系能够激发用户的交流热情和互动意向。用户不仅会更愿意与平台服务人员进行交流和咨询，也会更喜欢与其他用户进行信息和心理感受的分享，促进用户与平台服务人员的互动以及用户与用户的互动。

实证研究进一步显示，平台服务人员与用户的互动以及用户与用户的互动，都对平台与用户的资源整合产生了正向显著的影响。用户要在平台中获取自身需要的价值，必须获得符合自身需要的资源。在平台服务人员与用户的互动过程中，彼此投入了咨询、反馈、建议、帮助等信息资源，并传递着认可、支持等情感资源，能够有效促进这些资源的整合，帮助用户和其他用户获得他们需要的服务资源。在用户与用户的互动交流中，用户在产品和服务使用中会乐于分享一些产品和服务的使用体验以及服务信息，帮助其他用户更好地了解平台的产品和服务，从而更好地获得他们需要的信息和体验。在微博和社交网站的使用过程中，用户经常通过平台分享情感感受和心情的变化等情感资源，会吸引平台其他用户的关注，得到其他用户的支持和认可，激发其他用户情感资源的投入，促进用户与用户情感资源的交融。

虚拟社区平台中平台与用户的资源整合对共创价值的三个维度——实用价值、享乐价值和用户资产均具有积极的影响。首先，平台和用户进行信息的分享和投入，能帮助用户获得产品和服务使用需要的信息以及用户工作和生活需要的信息，解决了用户在实际利益层面的需求。其次，平台投入了良好的信息和娱乐资源，并整合在平台中，能满足用户在娱乐和享受层面的需要，从而满足用户的享乐价值；用户与用户的互动所形成的情感认同和支持能够让用户在平台中获得友谊，建立更好的关系，从而使用户的心理得到满足，获得了良好的心理价值。再次，平台与用户投入信息、情感和社交关系等资源，并整合形成供用户使用的各类服务资源，增强了用户的认可和依赖，让用户感知到平台的服务是以用户为导向的，使得资源整合对用户资产产生重要的影响。

本研究表明满意可以通过互动和资源整合对共创价值产生显著的影响。

（二）涉入的影响

（1）作为一种重要的心理影响因素，涉入对共创价值产生了积极的影响。涉入指人基于内在的需要、价值观和兴趣，认知事物的相关性和重要性。当用户感知平台所提供的板块服务与自身的需要和兴趣相关时，用户的使用意愿就会很强烈，会在板块中通过分享和传递信息、情感，获取评论、微博信息等重要信息以及在情感抒发的过程中获取精神享受。另外，当用户感知板块主题与自身的兴趣和爱好具有一致性时，其会更愿意在该板块的使用中添加好友、建立平台好友关系。该板块好友关系的建立能帮助用户更好地获取信息、增强用户进行情感分享的积极性，从而有效促进用户在板块的使用中获取信息、愉悦等重要价值。同时，当用户在虚拟社区平台中感知板块的服务与自身的兴趣和价值观存在相关性时，其更易于认可和依赖该平台，并感知平台的服务以用户为中心。因而，涉入能够在虚拟社区平台中促进用户资产的提升。从以上分析发现，涉入作为重要的心理因素，在虚拟社区平台与用户价值共创和共创价值的实现中发挥了重要的影响。因此，涉入对共创价值的三个维度——实用价值、享乐价值和用户资产都产生了显著的正向影响。对于虚拟社区平台而言，需要积极进行平台服务的调研和获取用户在使用过程中的反馈，并积极利用数据挖掘等手段了解不同年龄、不同性别、不同身份的用户的内在需要和兴趣。根据用户的内在需要和兴趣设置多样化的板块服务，添加兴趣向导，吸引用户选择自身感兴趣的板块，在微博、社交网站的不同板块中推动用户的信息分享和情感抒发，可以有效促进用户价值的实现。

（2）共创价值可以通过感知愉悦对行为意向产生重要的影响，但是用户共创价值不能通过专注直接影响行为意向。一方面，用户实用价值和享乐价值的实现对用户感知平台使用过程的愉悦产生了积极的影响；用户资产的形成和提升能够增进用户对平台的熟悉度，使用户更加认可和依赖服务平台，因此在服务的体验中更易于感知到愉悦。感知愉悦的形成，从用户心理方面促进了用户的重复使用意向和口碑推荐行为。另一方面，由于微博、社交网站、QQ等平台中用户的注册和使用都是免费的，用户并不依赖平台进行经济交易而获得经济利益，因此用户转换平台的成本很小；吸引用户的是其感兴趣的板块服务、轻松的使用和交友环境。随着互联网的不断更新，网站服务、交友模式、游戏服务迅猛发展。当新颖的平台服务和交流方式出现时，如手机微信能实现点对点的互动交流，就容易吸引用户转换到这些平台；仅仅由于用户在微博、社交网站中获取信息而形成对板块的专注，难以实现用户忠诚。对于虚拟社区平台，由于用户不获取经济收益，心理感知愉悦的获取以及满足程度就尤为重要。平台需要不断营造温馨、愉悦的网络使用环境，使用户在平台体验过程中获取愉悦的心情。设置信息搜索引擎功能以及附加功能使用户方便地搜索和查询到自己需要的信息，激发用户感知心情的愉悦；对于经常进行信息和情感分享的平台活跃用户，通过积分奖励和情感分享冠军等方式对其进行鼓励，会使其感知到强烈的心理愉悦，进而促进用户的重复使用和口碑推荐。进一步完善现有的情感分享功能，如微博中用户只要发一条心情信息，就会自动分享给其关注和被关注的所有用户，提升用户的受关注度，增强用户的感知愉悦。因此，有效促进用户感知愉悦的形成，成了QQ群、QQ空间、微博、社交网站、微信等虚拟社区平台提升用户忠诚意向的重要方法。

（三）用户体验的影响

本书借鉴沃霍夫（Verhoef et al.，2009）和罗斯（Rose et al.，2012）的研究，将用户体验划分为情感体验和关系体验两个维度，并通过文献研究构建了情感体验和关系体验对共创价值的影响关系模型。

实证研究显示，情感体验对共创价值的三个维度——实用价值、享乐价值和用户资产均产生了显著的正向影响。这表明用户感知平台的参与过程能够激发用户良好的情绪和好奇心，能够促使用户投入和查询平台信息资源，从而获得自身需要的重要信息。良好的情绪和好奇心能增强用户进行情感分享的热情，通过用户之间的支持和认可，促进用户愉悦的感知以及精神层面的满足。用户在平台中良好的情感体验能促进用户对平台的认可和依恋，增进用户对平台的熟悉度，从而在良好的服务中为平台积累用户资产。

用户在平台中的关系体验，包括用户与其他用户友谊的建立，以及对其他用户真诚关心、关系维护的感知和体验。这些体验能够有效拉近用户与平台以及用户与用户的距离，使得用户与平台服务人员之间以及用户与用户之间更愿意进行信息的传递和分享，增进用户信息的获取，提升分享的信息质量。良好的关系体验能够让用户在融洽关系中获得良好的心理满足，有效实现用户需要的享乐价值。用户在平台中感受到良好的关系、体验到平台和用户的支持与关心，能够增进用户对平台和其他用户的认可，促进用户对平台和好友关系的依赖，从而促进平台用户资产的形成。

（四）用户体验质量的影响

用户体验质量是用户对于体验的良好程度或优势的感知评价（Fred Lemke et al., 2011）。在虚拟社区平台的使用中，在线体验的质量成了用户衡量平台服务是否满意的重要方面。

当用户感知平台提供的在线体验是有吸引力而且高效快捷时，用户使用平台的意向会增强，在体验过程中的满意度会不断提高。高质量的平台体验更能激发用户参与在线信息的分享和交流，获得宝贵的信息资源。有趣而放松的在线交流体验能够让用户的心理得到满足，在平台的使用中获取愉悦和享受，获得良好的享乐价值。高质量的在线体验更易于拉近用户与平台之间的距离，增进用户对平台的了解和认可，从而有效促进用户资产的形成和提升。因此，本研究提出用户体验质量对虚拟社区共创价值具有显著的影响。

三、共创价值与行为意向的关系

虚拟社区平台与用户进行价值共创能够有效实现实用价值、享乐价值和用户资产等重要价值。当用户和平台实现了共创价值后，能够有效提升用户的口碑和重复使用意向等行为意向。

一方面，用户在虚拟社区平台中获得了实用性价值和享乐性价值后，会由于实用性和心理性需求的满足而激发用户积极的口碑推荐行为，向平台外的用户传递积极的推荐信息，促使更多的用户参与和频繁使用平台的各类板块服务，并且用户本身也会由于实用价值和享乐价值的满足激发自身的重复使用意向。

另一方面，当更熟悉、认可和依赖平台的产品和服务后，用户也会更愿意将自身的体验分享给平台外的用户，通过口碑传递积极的平台信息，促进其他用户接纳该平台。用户资产的形成也会积极促进用户的重复使用意向。

第二节　实践建议

本书通过研究虚拟社区共创价值的构成以及共创价值与其影响因素的关系，在实践层面为虚拟社区平台提出以下积极建议。

（1）在微博、微信和社交网站及其他虚拟社区平台服务中，要充分重视用户物质性利益、心理性利益以及用户资产的实现。微博、微信和社交网站等以信息传递、娱乐、社交等为目的的社区平台，能够提供给用户进行在线信息、情感交流的场所，用户使用它们是为了方便快捷地获得自身需要的信息、享受到愉悦，并在这个过程中感知到自身受到尊重，从而认可和依赖虚拟社区平台。因此，社区平台在服务中要加强服务人员和平台版主与用户之间的交流，及时了解用户对于服务板块的需要和体验状况，完善现有的平台服务效率和服务内容。通过更好地实现用户的物质性利益、心理性利益和用户资产，增强用户积极的口碑和重复使用意向。

（2）完善现有的平台服务功能，以便于更好地搭建平台与用户的关系以及用户与用户的关系。以社交网站为例，用户使用人人网等社交网站平台，主要目的就是为了与好友更好地联系，增进用户之间的关系。良好的搜索引擎和关系搭建功能能够帮助用户查找到自己的同学、朋友，了解到好友的动态，增进他们的交流和关系。在增进用户关系的同时，也增强了用户对于社交网站的使用意向，从而促进用户的忠诚度和积极的口碑推荐行为。

（3）了解不同用户的兴趣和爱好，不断丰富现有的服务板块，从而有效满足用户的服务需要。例如，在新浪微博的使用过程中，不同的用户由于兴趣不同，使用目的也不同。有的用户是为了查询信息，有的用户是为了追星，更有的用户是希望在线浏览视频。因此对于虚拟社区平台而言，加强对用户使用兴趣和满意状况的调研，丰富现有的服务内容和服务板块，通过多样化的平台服务吸引用户的登录和使用，从而增强用户的使用意向。

（4）重视虚拟社区平台用户的在线体验和体验质量，从而增进用户的满意度。用户在微信、微博和社交网站等虚拟社区平台中，不仅看重在平台中与好友之间的关系，更重视在平台使用中的体验。在线体验是否轻松愉快、交流是否顺畅，直接影响用户是否继续和长期使用平台。因此，营造温馨而愉悦的体验氛围，不断更新网站内容和各类信息，能够让用户的体验得到满足，从而更好地维护和发展平台的用户，最终有效实现社区平台网站的利益，促进平台更加稳定地发展。

第三节 局限性与未来研究方向

本书以虚拟社区为研究背景，分析了共创价值的构成以及共创价值的影响因素，并且验证了满意、互动、资源整合、涉入、用户体验以及用户体验质量对共创价值的影响。但是研究仍然存在局限性，主要体现在以下三个方面。

（1）本书仅以微信、微博和社交网站等虚拟社区作为研究对象，分析共创价值的维度构成和影响因素，该共创价值的构成是否适用于其他行业，如旅游、电子商务、传统工业行业等，还需要进一步研究探索。未来的学者可以将本书构建的共创价值维度以及共创价值与其影响因素的关系，运用于其他行业，以证明本研究是否适用于这些行业，并在研究中进行修正和完善。

（2）本书在分析共创价值的影响因素方面，仅分析了满意、互动、资源整合、涉入、用户体验、用户体验质量等因素的影响，对于用户情绪、服务环境、用户契合等其他因素的影响，本书并未涉及。因此，未来的研究还需要进一步分析和研究其他因素，包括企业和用户两方面的共创价值影响因素，以完善现有的共创价值理论研究。

（3）本书在探讨共创价值的结果变量方面，主要分析了共创价值对用户行为意向的影响，侧重于用户行为层面。对于共创价值与企业结果变量，包括共创价值对企业绩效的影响、共创价值对品牌形象的影响等并未涉及。共创价值对于用户结果变量的影响也不全面,如共创价值对用户情感的影响等。因此,在未来的研究中,还需要进一步分析共创价值对这些变量的影响,以更全面地分析共创价值对用户和企业的重要作用,指导企业和网络社区平台更好地服务用户,并在用户服务中获得自身需要的利益,促进企业和社区平台更好地发展。

参考文献

[1] ABFALTER D, ZAGLIA M E, MUELLER J. Sense of virtual community: a follow up on its measurement [J]. Computers in Human Behavior, 2012, 28 (2): 400-404.

[2] ADAMS J S. Toward an understanding of inequity [J]. The Journal of Abnormal and Social Psychology, 1963, 67 (5): 422-436.

[3] AGARWAL R, KARAHANNA E. Time flies when you're having fun cognitive absorption and beliefs about information technology usage [J]. MIS Quarterly, 2000, 24 (4): 665-694.

[4] AILAWADI K L, NESLIN S A, GEDENK K. Pursuing the value-conscious consumer: store brands versus national brand promotions [J]. Journal of Marketing, 2001, 65 (1): 71-89.

[5] AJZEN I, FISHBEIN M. Unerstanding attitudes and predicting social behavior [M]. Englewood Cliffs: Prentice-Hall, 1980.

[6] ALGESHEIMER R, DHOLAKIA U M, HERRMANN A. The social influence of brand community: evidence from european car clubs [J]. Journal of Marketing, 2005, 69 (3): 19-34.

[7] ANDREU L, SANCHEZ I, MELE C. Value co-creation between retailers and consumers: an application to the furniture market [J]. Journal of Retailing and Consumer Services, 2010, 21 (7): 241-250.

[8] ANGELINE G C, MONIKA K K. Beyond buying: motivations behind consumers' online shopping cart use [J]. Journal of Business Research, 2010, 63 (9/10): 986-992.

[9] ANIMESH A, PINSONNEAULT A, YANG S B, OH W. An odyssey into virtual worlds: exploring the impacts of technological and spatial environments on intention to purchase virtual products [J]. MIS Quarterly - Management Information Systems, 2011, 35 (3):

789-810.

[10] ARMSTRONG A, HAGEL J. The real value of on-line communities [J]. Harvard Business Review, 1996, 74 (3): 134-141.

[11] ARNOULD E J. Service-dominant logic and resource theory [J]. Journal of Academy of Marketing Science, 2008, 36 (1): 21-24.

[12] ARNOLD M, REYNOLDS K. Hedonic shopping motivations [J]. Journal of Retailing, 2003, 79 (2): 77-95.

[13] ARORA R. Price and quality strategies for services: applied to long-distance telephone services and automobile insurance [J]. Journal of Customer Service in Marketing and Management, 1995, 1 (2): 77-92.

[14] BABIN B J, DARDEN W R, GRIFFIN M. Work and/or Fun: measuring hedonic and utilitarian shopping value [J]. Journal of Consumer Research, 1994, 20 (4): 644-656.

[15] BABIN B J, LEE Y, KIM E, GRIFFIN M. Modeling consumer satisfaction and word-of-mouth: restaurant patronage in Korea [J]. Journal of Services Marketing, 2005, 19 (3): 133-139.

[16] BAGOZZI R P, DHOLAKIA U M. Intentional social action in virtual communities [J]. Journal of Interactive Marketing, 2002, 16 (2): 2-21.

[17] BALLANTYNE D, VAREY R. Creating value-in-use through marketing interaction: the exchange logic of relating, communicating and knowing [J]. Marketing Theory, 2006, 6 (3): 335-348.

[18] BALLANTYNE D, VAREY R. Introducting a dialogical orientation to the service-dominant logic of marketing: dialog, debate and directions [M]. New York: ME Sharpe Inc., 2006: 224-235.

[19] BAO-SHAN G, BAO-BAO D. Resource integration process and venture performance: based on the contingency model of resource integration capability [C] //2008 International Conference on Management Science and Engineering. Long Beach, 2008, 9 (10/12): 291-297.

[20] BARON S, WARNABY G. Individual customer' use and integration of resources: empirical findings and organizational implications in the context of value co-creation [J]. Industrial Marketing Management, 2011, 40 (2): 211-218.

[21] BAUMGARTNER H, HOMBURG C. Applications of structural equation modeling in mar-

keting and consumer research: a review [J]. International Journal of Research in Marketing, 1996, 13 (2): 139 – 161.

[22] BEATTY S, KAHLE L. Alternative hierarchies of the attitude – behavior relationship: the impact of brand commitment and habit [J]. Journal of the Academy of Marketing Science, 1988 (16): 1 – 10.

[23] BERGER P, NASR N. Customer lifetime value: marketing models and applications [J]. Journal of Interactive Marketing, 1998, 12 (1): 17 – 30.

[24] BERRY L L, CARBONE L P. Build loyalty through experience management [J]. Quality Progress, 2007, 40 (9): 26 – 32.

[25] BERRY L L, CARBONE L P, HAECKEL S H. Managing the total customer experience [J]. MIT Sloan Management Review, 2002, 43 (3): 85 – 89.

[26] BERRY L L. On great service——a framework for action [M]. New York : Free Press, 1995.

[27] BERRY L L, PARASURAMAN. Marketing services [M]. New York: The Free Press, 1991.

[28] BETTMAN J R. An information processing theory of consumer choice [M]. MA: Addison – Wesley Reading, 1979.

[29] BITNER M J. Servicescapes: the impact of physical surroundings on customers and employees [J]. Journal of Marketing, 1992, 56 (2): 57 – 71.

[30] BLANCHARD A L. Developing a sence of virtual community measure [J]. Cyberpsychology and Behavior, 2007, 10 (6): 827 – 830.

[31] BLATTBERG R, DEIGHTON J. Manage marketing by the customer equity test [J]. Harvard Business Review, 1996 (74): 136 – 145.

[32] BLAU P M. Exchange and power in social life [M]. New York: John Wiley, 1964.

[33] BLOCH P H. An exploration into the scaling of consumers' involvement with a product class [J]. Advances in Consumer Research, 1981 (8): 61 – 65.

[34] BLOCH P H, BRUCE G D. The leisure experience and consumer products: an investigation of underlying satisfactions [J]. Journal of Leisure Research, 1984 (16): 74 – 88.

[35] BRENGMAN M, GEUENS M. The four dimensional impact of color on shopper emotions [J]. Advances in Consumer Research, 2004, 31 (3): 122 – 128.

[36] BRIDGES E, FLORSHEIM R. Hedonic and utilitarian shopping goals: the online experience [J]. Journal of Business Research, 2008, 61 (4): 309 – 314.

[37] BRUHN M, SCHNEBELEN S, SCHAFER D. Antecedents and consequences of the quality of e – customer – to – customer interactions in b2b brand communities [J]. Industrial Marketing Management, 2014 (43): 164 – 176.

[38] CAMPBELL J, DIPIETRO R B, REMAR D. Local foods in a university setting: price consciousness, product involvement, price/quality inference and consumers's willingness – to – pay [J]. International Journal of Hospitality Management, 2014 (42): 39 – 49.

[39] CARBONE L P, HAECKEL S H. Engineering customer experience [J]. Marketing Management, 1994, 3 (3): 8 – 19.

[40] CASALO L V, FLAVIAN C, GUINALIU M. Relationship quality, community promotion and brand loyalty in virtual communities: evidence from free software communities [J]. International Journal of Information Management, 2010, 30 (4): 357 – 367.

[41] CARPENTER J M, MOORE M. Utilitarian and hedonic shopping value in the us discount sector [J]. Journal of Retailing and Consumer Services, 2009, 16 (1): 68 – 74.

[42] CARU A, COVA B. Consuming experience [M]. London: Routledge, 2007.

[43] CHANDON B, WANSINK G, LAURENT. A benefit congruency framework of sales promotion effectiveness [J]. Journal of Marketing, 2000, 64 (4): 65 – 81.

[44] CHANG C C. Examining users' intention to continue using social network games: a flow experience perspective [J]. Telematics and Informatics, 2013, 30 (4): 311 – 321.

[45] CHAN K W, LI S Y. Understanding consumer – to – consumer interactions in virtual communities: the salience of reciprocity [J]. Journal of Business Research, 2010, 63 (9/10): 1033 – 1040.

[46] CHAN K W, YIM C K, LAM S S K. Is customer participation in value creation a double – edged sword: evidence from professional financial services across cultures [J]. Journal of Marketing, 2010, 74 (3): 48 – 64.

[47] CHEN C F, CHEN F S. Experience quality, perceived value, satisfaction and behavioral intentions for heritage tourists [J]. Tourism Management, 2010, 31 (1): 29 – 35.

[48] CHEN H, NILAN M. Digital format of experience sampling method transformation, implementation and assessment [J]. AMCIS, 1999 (10): 692 – 694.

[49] CHEUNG M F Y, TOW M. Customer involvement and perceptions: the moderating role of customer co – production [J]. Journal of Retailing and Consumer Services, 2011 (18): 271 – 277.

[50] CHIU H C, HSIEH Y C, LI Y C, et al. Relationship marketing and consumer switching

behavior [J]. Journal of Business Research, 2005, 58 (12): 1681-1689.

[51] CONSTANTIN J A, LUSCH R F. Understanding resource management [C]. Oxford: The Planning Forum, 1994.

[52] COVA B, DALLI D. Working consumers: the next step in marketing theory? [J]. Marketing Theory, 2009, 9 (3): 315-339.

[53] CRESWELL J W. Research design qualitative, quantitative, and mixed methods approaches [M]. Thousand Oaks, CA: Sage, 2003.

[54] CRONIN J J, MORRIS M H. Satisfying customer expectation: the effect on conflict and repurchase intentions in industrial marketing channels [J]. Journal of the Academy of Marketing Science, 1989, 17 (1): 41-49.

[55] CRONIN JR J J, BRADY M K, HULT G T M. Assessing the effects of quality, value and customer satisfaction on consumer behavioral intentions in service environments [J]. Journal of Retailing, 2000, 76 (2): 193-218.

[56] CROSBY L A, EVANS K A, COWLES D. Relationship quality in services selling: an interpersonal influence perspective [J]. Journal of Marketing, 1990, 54 (3): 68-81.

[57] CSIKSZENTMIHALYI M. Beyond boredom and anxiety: experiencing flow in work and play [M]. San Francisco: Jossey-Bass, 1975.

[58] CSIKSZENTMIHALYI M. Finding flow: the psychology of engagement with everyday life [M]. Basic Books, 1997.

[59] CSIKSZENTMIHALYI M. Flow: The psychology of optimal experience [M]. New York : Harper and Row, 1990.

[60] CSIKSZENTMIHALYI M. The costs and benefits of consuming [J]. Journal of Consumer Research, 2000, 27 (2): 267-272.

[61] COUPEY E. Digital business: concepts and strategy [M]. Upper Saddle River: Prentice Hall, 2005.

[62] DANE F C. Research methods [M]. Clifornia: Brooks/Cole Pub. Co., 1990.

[63] DAVIES B, BARON S, HARRIS K. Observable oral participation in the servuction system: toward a content and process model [J]. Journal of Busniess Research, 1999, 44 (1): 47-53.

[64] DAVIS F D, BAAGOZZI R P, WARSHAW P R. Extrinsic and intrinsic motivation to use computers in the workplace [J]. Journal of Applied Social Psychology, 1992, 22 (14): 1111-1132.

[65] DAVIS S, WIEDENBECK S. The mediating effects of intrinsic motivation, ease of use and usefulness perceptions on performance in first – time and subsequent computer users [J]. Interacting with Computers, 2001, 13 (5): 549 – 580.

[66] DECI E L. Intrinsic motivation [M]. New York: Plenum Press, 1975.

[67] DEVELLIS R F. Scale development: theory and applications [M]. Newbury Park: Sage Publications, 1991.

[68] DHOLAKIA U M, BAGOZZI R P, PEARO L K. A social influence model of consumer participation in network – and small – group – based virtual communities [J]. International Journal of Research in Marketing, 2004, 21 (3): 241 – 263.

[69] DING D X, HU P J H, VERMA R, WARDELL D G. The impact of service system design and flow experience on customer satisfaction in online financial services [J]. Journal of Service Research, 2010, 13 (1): 96 – 110.

[70] DONEY P M, CANNON J P. An examination of the nature of trust in buyer – seller relationships [J]. Journal of Marketing, 1997, 61 (2): 35 – 51.

[71] DONNENWERTH G V, FOA U G. Effect of resource class on retaliation to injustice in interpersonal exchange [J]. Journal of Personality and Social Psychology, 1974, 29 (6): 785 – 793.

[72] DWYER F R, OH S. Output sector munificence effects on the internal political economy of marketing channels [J]. Journal of Marketing Research, 1987, 24 (4): 347 – 358.

[73] EDVARDSSON B, OLSSON J. Key concepts for new service development [J]. The Service Industries Journal, 1996, 16 (2): 140 – 164.

[74] EIGLIER P, LANGEARD E. Services as systems: marketing implications [G] // Marketing consumer services: new insights. Cambridge, MA.: Marketing Science, 1977: 83 – 103.

[75] ENGEL J F, BLACKWELL R D, MINIARD P W. Consumer behavior [M]. Forth Worth, Texas: The Dryden Press, 1995.

[76] ENGEL J F, KOLLAT D T, BLACKWELL R D. Consumer behavior [M]. New York: Holt, Rinehavt and Wiston Company, 1982.

[77] EROGLU S A, MACHLEIT K, BARR T F. Perceived retail crowding and shopping satisfaction: the role of shopping values [J]. Journal of Business Research, 2005, 58 (8): 1146 – 1153.

[78] FARIAS S A D, AGUIAR E C, MELO F V S. Store atomspherics and experiential market-

ing: a conceptual framework and research propositions for an extraordinary customer experience [J]. International Business Research, 2014, 7 (2): 87 – 99.

[79] FITZPATRICK M, DAVEY J, MULLER L, DAVEY H. Value – creating assets in tourism management: applying marketing's service – dominant logic in the hotel industry [J]. Toursim Management, 2013, 36 (1): 86 – 98.

[80] FLYNN L R, GOLDSMITH R E. Application of the personal involvement inventory in marketing [J]. Psychology and Marketing, 1993 (10): 1 – 10.

[81] FOA U G. Interpersonal and economic resources [J]. Science, 1971, 29 (1): 345 – 351.

[82] FOA U G, FOA E B. Societal structures of the mind [M]. Springfield: C. C. Thomas, 1974.

[83] FORNELL C. A national customer satisfaction barometer: the swedish experience [J]. Journal of Marketing, 1992, 56 (1): 6 – 21.

[84] FOX N, ROBERTS C. GPS in cyberspace: the sociology of a virtual community [J]. The Sociological Review, 1999, 47 (4): 643 – 671.

[85] GENTILE C, SPILLER N, NOCI G. How to sustain the customer experience: an overview of experience components that co – create value with the customer [J]. European Management Journal, 2007, 25 (5): 395 – 410.

[86] GEORGE D, MALLERY P. SPSS for windows: step by step [M]. Needham Heights: Pearson Education Company, 2001.

[87] GEYSKENS I, STEENKAMP J B, E M KUMER N. A meta – analysis of satisfaction in marketing channel relationships [J]. Journal of Marketing Research, 1999, 36 (2): 223 – 238.

[88] GOHARY A, HAMZELU B, ALIZADEH H. Please explain why it happened! how perceived justice and customer involvement affect post co – recovery evaluations: a study of iranian online shoppers [J]. Journal of Retailing and Consumer Services, 2016 (31): 127 – 142.

[89] GOPALAKRISHNA PILLAI K, SHARMA A. Mature relationships: why does relational orientation turn into transaction orientation? [J]. Industrial Marketing Management, 2003, 32 (8): 643 – 651.

[90] GRONROOS C. An applied service marketing theory [J]. European Journal of Marketing, 1982, 16 (7): 30 – 41.

[91] GRONROOS C. A Service perspective on business relationship: the value creation, inter-

action and marketing interface [J]. Industrial Marketing Management, 2011, 40 (2): 240-247.

[92] GRONROOS C, HELLE P. Adopting a service logic in manufacturing: conceptual foundation and metrics for mutual value creation [J]. Journal of Service Management, 2010, 21 (5): 564-590.

[93] GRONROOS C. Marketing as promise management: regaining customer management for marketing [J]. The Journal of Business and Industrial Marketing, 2009, 24 (5/6): 351-359.

[94] GRONROOS C, RAVALD A. Service as business logic: implications for value creation and marketing [J]. Journal of Service Management, 2011, 22 (1): 5-22.

[95] GRONROOS C. Service logic revisited: who creates value? and who co-creates? [J]. European Business Review, 2008, 20 (4): 298-314.

[96] GRONROOS C, VOIMA P. Critical service logic: marketing sense of value creation and co-creation [J]. Journal of the Academy of Marketing Science, 2013 (41): 33-150.

[97] GROVE S J, FISK R P. The impact of other customers on service experiences: a critical incident examination of getting along [J]. Journal of Retailing, 1997, 73 (1): 63-85.

[98] GUMMESSON E, MELE C. Marketing as value co-creation through network interaction and resource integration [J]. Journal of Business and Marketing Management, 2010, 4 (4): 181-198.

[99] GUMMESSON E. The new marketing——developing long-term interactive relationships [J]. Long Range Planning, 1987, 20 (4): 10-20.

[100] GUMMESSON E. Total relationship marketing [M]. Oxford: Elsevier, 2008.

[101] GUMMESSON E. Service provision calls for partners instead of parties in evolving to a new dominant logic for marketing [J]. Journal of Marketing, 2004, 68 (1): 20-21.

[102] GUO Y M, POOLE M S. Antecedents of flow in online shopping: a test of alternative models [J]. Information Systems Journal, 2009, 19 (4): 369-390.

[103] GUPTA S, KIM H. Virtual community concepts implications and future research directions [C]. Proceedings of the Tenth America's Conference on Information Systems New York ACMPress, 2004.

[104] GUPTA S, LEHMANN D R, STUART J A. Valuing customers [J]. Journal of Marketing Research, 2004, 41 (1): 7-18.

[105] GUPTA S, VAJIC M. The contextual and dialectical nature of experiences [C] // New Service Development: creating memorable experiences. Fitzsimmons: Thousand Oaks, CA, 2000: 33-51.

[106] GURSOY D, SPANGENBERG E, RUTHERFORD D. The hedonic and utilitarian dimensions of attendees' attitudes toward festivals [J]. Journal of Hospitality and Tourism Research, 2006, 30 (3): 279~294.

[107] HAEMOON O. Diners' perceptions of quality, value and satisfaction [J]. The Cornell Hotel and Restaurant Administration Quarterly, 2000, 41 (3): 58-66.

[108] HAGEL J, ARMSTRONG A. Net gain: expanding market through virtual communities [J]. Boston: Harvard Business School Press, 1997.

[109] HAIR J F JR, ANDERSON R E, TATHAM R L, et al. Multivariate data analysis [M]. Upper Saddle River: Prentice Hall, 1998.

[110] HA J, JANG S. Perceived values, satisfaction, and behavioral intentions: the role of familiarity in Korean restaurants [J]. International Journal of Hospitality Management, 2010, 29 (1): 2-13.

[111] HARRIS K, HARRIS R, BARON K, BARON S. Theatrical service experiences: dramatic script development with employees [J]. International Journal of Service Industry Management, 2003, 14 (2): 184-199.

[112] HAUSMAN A V, SIEKPE J S. The effect of web interface features on consumer online purchase intentions [J]. Journal of Business Research, 2009 (63): 5-13.

[113] HAVITZ M E, DIMANCHE F. Propositions for testing the involvement construct in recreational and tourism contexts [J]. Leisure Sciences, 1990, 12 (2): 179-195.

[114] HENNIG-THURAU T, KLEE A. The impact of customer satisfaction and relationship quality on customer retention——a critical reassessment and model development [J]. Psychology and Arketing, 1997, 14 (12): 737-765.

[115] HENNIG-THURAU T, GWINNER K P, GREMLER D D. Understanding relationship marketing outcomes: an integration of relational benefits and relationship quality [J]. Journal of Service Research, 2002, 4 (3): 230-247.

[116] HOFFMAN D L, NOVAK T P. Marketing in hypermedia computer-mediated environments: conceptual foundations [J]. Journal of Marketing, 1996, 60 (3): 50-68.

[117] HOLBROOK M. Consumption experience, customer value, and subjective personal introspection: an illustrative photographic essay [J]. Journal of Business Research, 2006,

59 (6): 714-725.

[118] HOLBROOK M B. The nature of customer value: an axiology of services in the consumption experience [G] //RUST R T, OLIVER R L. Service quality: new directions in theory and practice. Sage: Thousand Oaks, CA. , 1994: 21-71.

[119] HOLLEBEEK L D, BRODIE R J. Wine service marketing, value co-creation and involvement: research issues [J]. International Journal of Wine Business Research, 2009, 21 (4): 339-353.

[120] HONG S J, TAM K Y. Understanding the adoption of multipurpose information appliances: the case of mobile data services [J]. Informantion Systems Research, 2006, 17 (2): 162-179.

[121] HSU C L, LU H P. Why do people play on-line games? an extended tam with social influence and flow experience [J]. Information & Management, 2004, 41 (7): 853-868.

[122] HSU H Y, TSOU H T. Understanding customer experiences in online blog environments [J]. International Journal of Information Management, 2011 (31): 510-523.

[123] HUANG M. Designing website attributes to induce experiential encounters [J]. Computer in Human Behavior, 2003, 19 (4): 425-442.

[124] HUTCHINSON J, LAI F, WANG Y. Understanding the relationships of quality, value, equity, satisfaction, and behavioral intentions among golf travelers [M]. Tourism Management, 2009, 30 (2) : 298-308.

[125] HYAN S S, KIM W, LEE M J. The impact of advertising on patrons' emotional response, perceived value, and behavioral intentions in the chain restaurant industry: the moderating role of advertising-induced arousal [J]. International Journal of Hospitality Management, 2011, 30 (3): 689-700.

[126] JAAKKOLA E, HAKANEN T. Value co-creation in solution networks [J]. Industrial Marketing Management, 2013, 42 (1): 47-58.

[127] JAP S D, MANOLIS C, WEITZ B A. Relationship quality and buyer-seller interactions in channels of distribution [J]. Journal of Business Research, 1999, 46 (3): 303-313.

[128] JARVELIN A, LEHTINEN U. Relationship quality in business-to-business service context [C] //QUIS 5 Advancing service quality: a global perspective. Lethbridge, Canada, 1996: 243-254.

[129] JIN X, WEBER K, BAUER T. Relationship quality between exhibitors and organizers: a perspective from mainland china's exhibiton industry [J]. International Journal of Hospitality Management, 2012, 31 (4): 1222 – 1234.

[130] JOARVITTERSO, MARITVORKINN, JORID VAAGLAND. Tourism experience and attractions [J]. Annals of Tourism Research, 2000, 3 (2): 432 – 450.

[131] JOHNSON B C, MANYIKA J M, YEE L A. The next revolution in interaction [J]. The Mckinsey Quarterly, 2005, 20 (4): 20 – 33.

[132] JOHNSON D W, JOHNSON R T, MARUYAMA G. Interdependence and interpersonal attraction among heterogeneous and homogeneous individuals: a theoretical formulation and a meta – analysis of the research [J]. Review of Educational Research, 1983, 53 (1): 5 – 54.

[133] JOHNSON J L. Strategic integration in industrial distribution channels: managing the interfirm relationship as a strategic asset [J]. Journal of The Academy of Marketing Science, 1999, 27 (1): 4 – 18.

[134] JOHNSON R, KONG X. The customer experience: a road – map for improvement [J]. Managing Service Quality, 2011, 21 (1): 5 – 24.

[135] JOHNSTON W, PETERSL, GASSENHEIMER J. Questions about network dynamics: characteristics, structures and interactions [J]. Journal of Business Research, 2006, 59 (8): 945 – 954.

[136] JONATHON N C, BRIAN BUTLER, ROBERT KRAUT. The quality of online social relationships [J]. Communications of The Acm, 2002, 45 (7): 103 – 108.

[137] JONES M, REYNOLDS K, ARNOLD M. Hedonic and utilitarian shopping value: investigating differential effects on retail outcomes [J]. Journal of Business Research, 2006, 59 (9): 974 – 981.

[138] KAHN K B, MCDONOUGH E F. An empirical study of the relationships among co – location, integration, performance and satisfaction [J]. Journal of Product Innovation Management, 1997, 14 (3): 161 – 178.

[139] KANNAN P K, CHANG A M, WHINSTON A B. Electronic communities in e – business: their role an issues [J]. Information System Front, 2000, 4 (1): 415 – 426.

[140] KAO Y F, HUANG L S, WU C H. Effects of theatrical elements on experience quality and loyalty intentions for theme parks [J]. Asia Pacific Journal of Tourism Research, 2008, 13 (2): 163 – 174.

[141] KAO Y F, HUANG L S, YANG, M H. Effects of experiential elements on experiential satisfaction and loyalty intentions: a case study of the super basketball league in Taiwan [J]. International Journal of Revenue Management, 2007 (1): 79–96.

[142] KHALIFA A S. Customer value: a review of recent literature and an integrative configuration [J]. Management Decision, 2004 (42): 645–666.

[143] KIM D, PERDUE R R. The effects of cognitive, affective, and sensory attributes on hotel choice [J]. International Journal of Hospital Management, 2013 (35): 246–257.

[144] KIM K H, PARK S Y, LEE S, et al. Examining the relationships among attitude toward luxury brands, customer equity, and customer lifetime value in a korean context [J]. Journal of Global Academy of Marketing, 2010, 20 (1): 27–34.

[145] KLEINAL TENKAMP, EHRET M. The value added by specific investments: a framework for managing relationships in the context of value networks [J]. Journal of Business & Industrial Marketing, 2006, 21 (2): 65–71.

[146] KLEINAL TENKAMP, MICHAEL EHRET, et al. Customer integration in business-to-business marketing in advances in services marketing [M]. Germany: Hans Muehlbacher and Jean-Paul Flipo, Wiesbaden, 1997: 27–48.

[147] KONG J S L, KWOK R C W, FANG Y. The effects of peer intrinsic and extrinsic motivation on mmog game-based collaborative learning [J]. Information and Management, 2012, 49 (1): 1–9.

[148] KORKMAN O, STORBACKA K, HARALD B. Practices as markets: value co-creation in e-invoicing [J]. Australasian Marketing Journal, 2010, 18 (4): 236–247.

[149] KORZAAN M L. Going with the flow: Predicting online purchase intentions [J]. Journal of Computer Information System, 2003, 43 (4): 25–31.

[150] KOUFARIS M. Applying the technology acceptance model and flow theory to online consumer behavior [J]. Information Systems Research, 2002, 13 (2): 205–223.

[151] KOZINETS R V. E-tribalized Marketing? The strategic implication of virtual communities of consumption [J]. European Management Journal, 1999, 17 (3): 252–264.

[152] KRUGMAN H E. The impact of television advertising learning without involvement [J]. Public Opinion Quarterly, 1965 (29): 349–356.

[153] KUMAR N, SCHEER L K, STEENKAMP J B E M. The effects of supplier fairness on vulnerable resellers [J]. Journal of Marketing Research, 1995, 32 (1): 54–65.

[154] LAAKSONEN P. Consumer involvement: concepts and research [M]. London: Rout-

ledge, 1994.

[155] LAM S Y, SHANKAR V, ERRAMILLI M K, MURTHY B. Customer value, satisfaction, loyalty, and switching costs: an illustration from a business – to – business service context [J]. Journal of the Academy of Marketing Science, 2004, 32 (3): 293 – 311.

[156] LANGEARD E, BATESON J E G, LOVELOCK C H, EIGLIER P. Service marketing insights from consumers and managers [M]. Boston, MA: Marketing Science Institute, 1981.

[157] LAURENT G, KAPFERER J N. Measuring consumer involvement profiles [J]. Journal of Marketing Research, 1985 (22): 41 – 53.

[158] LEDDEN L, KALAFATIS S P, SAMOUEL P. The relationship between personal values and perceived value of education [J]. Journal of Business Research, 2007 (60): 965 – 974.

[159] LEE F S L, VOGEL D, LIMAYEM M. Virtual community informatics: a review and research agenda [J]. Journal of Information Technology Theory and Application, 2003, 5 (1): 47 – 61.

[160] LEE G, LEE W J, SANFORD C. A motivational approach to informantion providing: a resource exchange perspective [J]. Computers in Human Behavior, 2011, 27 (1): 440 – 448.

[161] LEE J, FEICK L. The impact of switching costs on the customer satisfaction – loyalty link: mobile phone service in France [J]. Journal of Services Marketing, 2001, 15 (1): 35 – 48.

[162] LEE S M, CHEN L. The impact of flow on online consumer behavior [J]. Journal of Computer Information Systems, 2010, 50 (4): 1 – 10.

[163] LEE Y K, KIM Y, LEE K H, et al. The impact of csr on relationship quality and relationship outcomes: a perspective of service employees [J]. International Journal of Hospitality Mangement, 2012, 31 (3): 745 – 756.

[164] LEMKE F, CLARK M, WILSON H. Customer experience quality: an exploration in business and consumer contexts using repertory grid technique [J]. Journal of the Academic and Marketing Science, 2011, 39 (6): 846 – 869.

[165] LEMON K N, RUST R T, ZEITHAML V A. What drives customer equity [J]. Marketing Management, 2001, 10 (1): 20 – 25.

[166] LEVITT T. The marketing imagination [M] New York: The Free Press, 1986.

[167] LIN X, GERMAIN R. Sustaining satisfactory joint venture relationships: the role of conflict resolution strategy [J]. Journal International Business Studies, 1998, 29 (1): 179-196.

[168] LIPPMAN S A, RUMELT R P. A bargaining perspective on resource advantage [J]. Strategic Management Journal, 2003, 24 (1): 1069-1086.

[169] LIU H, CHU H, HUANG Q, et al. Enhancing the flow experience of consumers in China through interpersonal interaction in social commerce [J]. Computers in Human Behavior, 2016 (58): 306-314.

[170] LOUREIRO S M C, ALMEIDA M, RITA P. The effect of atmospheric cues and involvement on pleasure and relaxation: the spa hotel context [J]. International Journal of Hospitality Management, 2013 (35): 43.

[171] LOVELOCK C H. Services marketing [R]. 4th ed. Prentice Hall Interantional Conference, 2001.

[172] LUSCH R F, VARGO S L, BRIEN M O. Competing through service: insights from service-dominant logic [J]. Journal of Retailing, 2007, 83 (1): 2-18.

[173] LUSCH R F, VARGO S L, O'BRIEN M. Service, value networks and learning [J]. Journal of the Academy of Marketing Science, 2010, 38 (1): 19-31.

[174] LUSCH R F, VARGO S L. Service-dominant logic: reactions, reflections and refinements [J]. Marketing Theory, 2006, 6 (3): 281-288.

[175] LUSCH R F, VARGO S L, WESSELS G. Toward a conceptual foundation for service science: contributions from service-dominant logic [J]. IBM Systems Journal, 2008, 47 (1): 5-14.

[176] MACDONALD E K, WILSON H, MARTINEZ V, et al. Assessing value-in-use: a conceptual framework and exploratory study [J]. Industrial Marketing Management, 2011, 40 (5): 671-682.

[177] MACINTOSH G. Customer orientation, relationship quality, and relationship benefits to the firm [J]. Journal of Services Marketing, 2007, 21 (3): 150-159.

[178] MACINTOSH G, LOCKSHIN L S. Retail relationships and store loyalty: a multi-level perspective [J]. International Journal of Research in Marketing, 1997, 14 (5): 487-497.

[179] MARTIN C L, PRANTER C A. Compatibility management: customer-to-customer relationships in service environments [J]. Journal of Services Marketing, 1989, 3 (3): 5-15.

[180] MATHWICK C, MALHOTRA N, RIDGON E. Experiential value: conceptualization, measurement and application in the catalog and internet shopping environment [J]. Journal of Retailing, 2001, 77 (1): 39-56.

[181] MATHWICK C, WIERTZ C, DE RUYTER K. Social capital production in a virtual p3 community [J]. Journal of Consumer Research, 2008, 34 (6): 832-849.

[182] MELE C, POLESE F. Key dimension of service systems: interaction in social and technological networks to foster value co-creation [C] //The science of Service system. New York: Springer, 2010.

[183] MELE C, SPENA T P. Co-creating value innovation through resource integration [J]. International Journal of Quality and Service Sciences, 2010, 2 (1): 60-78.

[184] MELE C. The synergic relationship between tqm and marketing in creating customer value [J]. Managing Service Quality, 2007, 17 (3): 240-258.

[185] MELE C. Value logic in network [J]. Sinergie, 2009, 12 (16): 217-241.

[186] MERTENS D M. Research and evaluation in education and psychology integration diversity with quantitative, qualitative, and mixed methods [M]. Thousand Oaks, CA: Sage, 2005.

[187] MEYER C, SCHWAGER A. Understanding customer experience [J]. Harvard Business Review, 2007, 85 (2): 116-128.

[188] MEYER A, WESTERBARKEY P. Incentive and feedback system tools for improving service quality [C]. New York: International Service Quality Association, 1994: 301-314.

[189] MICHEL S, VARGO S L, LUSCH R F. Reconfiguration of the conceptual landscape: atribute to the service logic of richard normann [J]. Journal of the Academy of Marketing Science, 2008, 36 (1): 152-155.

[190] MITCHELL T R. Motivation: new directions for theory, research and practive [J]. Academy of Management Review, 1982, 7 (1): 80-88.

[191] MITTAL B, LEE M S. Separating brand-choice involvement from product involvement via consumer involvement profiles [J]. Advances in Consumer Research, 1988, 15 (1): 43-49.

[192] MOELLER S. Customer integration——a key to an implementation perspective of service provision [J]. Journal of Service Research, 2008, 11 (2), 197-210.

[193] MOON J W, KIM Y G. Extending the TAM for a world-wide-web context [J]. Infor-

mation and Management, 2001, 38 (1): 217-230.

[194] MOORMAN C, ZALTMAN G, DESHPANDE R. Relationship between providers and users of market research: the dynamics of trust within and between organizations [J]. Journal of Marketing Research, 1992, 29 (3): 314-328.

[195] MORGAN R M, HUNT S D. The commitment - trust theory of relationship marketing [J]. Journal of Marketing, 1994, 58 (3): 20-38.

[196] MUNIZ JR A M, O'GUINN T C. Brand community [J]. Journal of Consumer Research, 2001, 27 (4): 412-432.

[197] NAKAMURA J, CSIKSZENTMIHALYI M. The concept of flow [M] //Handbook of positive psychology. Oxford: Oxfond University Press, 2002.

[198] NEIL T M O. Quality of experience and quality of service for ip video conferencing [M]. Polycom: Whitepaper, 2002.

[199] NICHOLLS R. Customer - to - customer interaction in the world of e - service [M]. Service Management, 2008, 3 (1): 97-104.

[200] NICHOLLS R. Interactions between Service Customers: managing on - site customer - to - customer interactions for service advantage [D]. Poznan: The Poznan University of Economics Publishing House, 2005.

[201] NICHOLLS R. New Directions for customer - to - customer interaction research [J]. Journal of Service Marketing, 2010, 24 (1): 87-97.

[202] NICHOLLS R. On - site customer - to - customer interaction: a classification system [C]. Proceedings of the AMA SERVSIG Services Research Conference, 2003.

[203] NONAKA I, KONNO N. The concept of Ba: building a foundation for knowledge creation [J]. California Management Review, 1998, 40 (3): 40-54.

[204] NORMAN R, RAMIREZ R. Design interactive strategy: from value chain to value constellation [M]. West Sussex: John Wiley and Sons., 1995.

[205] NOVAK T P, DONNA L H, ADAM D. The influence of goal - directed and experiential activities on online flow experiences [J]. Journal of Consumer Psychology, 2003, 13 (1/2): 3-16.

[206] NOVAK T P, HOFFMAN D L, YUNG Y F. Measuring the customer experience in online environments: a structural modeling approach [J]. Marketing Science, 2000, 19 (1): 22-42.

[207] OLIVER R L. Satisfaction: a behavioral perspective on the consumer [M]. New York:

McGraw - Hill, 1997.

[208] OLSEN S O. Repurchase loyalty: the role of involvement and satisfaction [J]. Psychology and Marketing, 2007, 24 (4): 315 - 341.

[209] OTTO J E, RITCHIE J R B. The service experience in tourism [J]. Tourism Management, 1996, 17 (3): 165 - 174.

[210] OTTO J E, RITCHIE J R B. The service experience in tourism [M]. Tourism management: towards the new millennium. Oxford: Elsevier Science Ltd. , 2000.

[211] OVERBY J W, LEE E J. The effects of utilitarian and hedonic online shopping value on consumer preference and intentions [J]. Journal of Business Research, 2006, 59 (10/11): 1160 - 1166.

[212] PARASURAMAN A, ZEITHAML V A, BERRY L L. A conceptual model of service quality and its implications for future research [J]. Journal of Marketing, 1985, 49 (3): 41 - 50.

[213] PARASURAMAN A, ZEITHAML V A, BERRY L L. Refinement and reassessment of the servqual scale [J]. Journal of Retailing, 1991, 67 (4): 420 - 450.

[214] PAPACHARISSI Z, RUBIN A M. Predictors of internet use [J]. Journal of Broadcast Electronic Media, 2000, 44 (2): 175 - 196.

[215] PARK D, LEE J, HAN I. The effect of online consumer reviews on consumer purchasing intention: the moderating role of involvement [J]. International Journal of Electronic Commerce, 2007 (11): 125 - 148.

[216] PARTRICK A S, et al. A QoE sensitibe architecture for advanced collaborative environments [C]. In Proceedings of The First International Conference on Quality of Service in Heterogeneous Wired Wireless Networks, 2004.

[217] PAYNE A, STORBACKA K, FROW P, KNOX S. Co - creating brands: diagnosing and designing the relationship experience [J]. Journal of Business Research, 2009, 62 (3): 379 - 389.

[218] PETRICK J. Development of a multi - dimensional scale for measuring the perceived value of a service [J]. Journal of Leisure Research, 2002, 34 (2): 119 - 134.

[219] PIERCY N F. Marketing implementation: the implications of marketing paradigm weakness for the strategy execution process [J]. Journal of the Academy of Marketing Science, 1998, 26 (3): 222 - 236.

[220] PINE B J, GILMORE J H. Welcome to the experience economy [J]. Harvard Business

Review, 1998, 76 (4): 97-105.

[221] PORTER M. Competitive advantage: creating and sustaining superior performance [M]. New York: Free Press, 1985.

[222] PONGSAKORNRUNGSILP S. Value co-creation: process reconciling s-d logic of marketing and consumer culture theory within the co-consuming group [D]. UK: University of Exeter, 2010.

[223] PRAHALAD C K, RAMASWAMY V. Co-creating unique value with customers [J]. Strategy and Leadership, 2004, 32 (3): 4-9.

[224] PRAHALAD C K, RAMASWAMY V. The new frontier of experience innovation [J]. MIT Sloan Management Review, 2003, 44 (4): 11-18.

[225] PURVIS M K, LONG A L S. Affinities between multi-agent systems and service-dominant logic: interactionist implications for business marketing practice [J]. Industrial Marketing Management, 2011, 40 (2): 248-254.

[226] RUST R T, LEMON K N, ZEITHAML V A. Return on marketing: using customer equity to focus marketing strategy [J]. Journal of Marketing, 2004 (68): 109-127.

[227] RUST R T, ZEITHAML V A, LEMON K N. Driving customer equity [M]. New York: The Free Press, 2000.

[228] RAUYRUEN P, MILLER K E. Relationship quality as a predictor of B2B customer loyalty [J]. Journal of Business Research, 2007, 60 (1): 21-31.

[229] RHEINGOLD H. Virtual community: home steading on the electronic frontier [M]. Wesley: Addison, 1993.

[230] ROBERTS K, VARKI S, BRODIE R. Measuring the quality of relationships in consumer services: an empirical study [J]. European Journal of Marketing, 2003, 37 (1/2): 169-196.

[231] ROSE S, CLARK M, SAMOUEL P, HAIR N. Online customer experience in e-retailing: an empirical model of antecedents and outcomes [J]. Journal of Retailing, 2012, 88 (2): 308-322.

[232] ROTHSCHILD M L. Perspectives on involvement: current problems and future directions [J]. Advances in Consumer Research, 1984 (11): 216-217.

[233] RYAN R M, DECI E L. Intrinsic and extrinsic motivations: classic definitions and new directions [J]. Contemporary Educational Psychology, 2000, 25 (1): 54-67.

[234] RYU K, HAN H, JANG S S. Relationships among hedonic and utilitarian values, satis-

faction and behavioral intentions in the fast-casual restaurant industry [J]. International Journal of Contemporary Hospitality Management, 2010, 22 (3): 416-432.

[235] SAWYER A G, DICKSON P. Psychological perspectives on consumer response to sales promotion [M]. Cambridge: Marketing Science Institute, 1984: 1-21.

[236] SCHMITT B. Customer experience management: a revolutionary approach to connecting with your customers [M]. New Jersey: John Wiley and Sons Inc, 2003.

[237] SCHMITT B. Experiential marketing: how to get customers to sense, feel, think, act, and relate to your company and brands [M]. New York: Free Press, 1999.

[238] SCHMITT B. Experiential marketing [J]. Journal of Marketing Management, 1999, 15 (1/3): 53-67.

[239] SCHMITT B H. The consumer psychology of brands [J]. Journal of Consumer Psychology, 2012 (22): 7-17.

[240] SCHNEIDER B, BOWEN D E. Winning the service game [M]. Boston: Harvard Business School Press, 1995.

[241] SELIN S, HOWARD D. Ego involvement and leisure behavior: a conceptual specification [J]. Journal of Leisure Research, 1988, 20 (3): 237-244.

[242] SHAPIRA B, KANTOR P B, MELAMED B. The effect of extrinsic motivation on user behavior in a collaborative information finding system [J]. Journal of the American Society of Information Science and Technology, 2001, 52 (11): 879-887.

[243] SHAW C, IVENS J. Building great customer experience [M]. New York: MacMillan, 2005.

[244] SHERIF M, CANTRIL H. The psychology of ego involvements, social attitudes and identifications [M]. New York: Wiley, 1947.

[245] SIEKPE J S. An examination of the multidimensionality of the flow construct in a computer-mediated environment [J]. Journal of Electronic Commerce Research, 2005, 6 (1): 31-43.

[246] SILLER M, WOODS J. Improving quality experience for multimedia services by QoS arbitration on a QoE framework [C]. In Proceedings of The 13th Packed Video Workshop 2003, 2003.

[247] SIU N Y M, ZHANG T J F, DONG P, KWAN H Y. New service bonds and customer value in customer relationship management: the case of museum visitors [J]. Tourism Management, 2013 (36): 293-303.

[248] SMITH A. The wealth of nations (1776) [M]. New York: The Modern Library, 2000.

[249] SMITH J B. Buyer-seller relationships: bonds, relationship management and sex-type [J]. Canadian Journal of Administrative Sciences, 1998, 15 (1): 76-92.

[250] SMITH J B. Buyer-seller relationships: similarity, relationship management, and quality [J]. Psychology & Marketing, 1998, 15 (1): 3-21.

[251] SONG H, CADEAUX J, YU K. The effects of service supply on perceived value proposition under different levels of customer involvement [J]. Industrial Marketing Management, 2016 (54): 116-128.

[252] SPAULDING T J. How can virtual communities create value for business? [J]. Elecronic Commerce Research and Applications, 2010, 9 (1): 38-49.

[253] SPOHRER J, MAGLIO P P, BAILEY J, GRUHL D. Steps toward a science of service systems [J]. Computer, 2007, 40 (1): 71-77.

[254] STORBARCKA K, LEHTINEN J R. Customer relationship management [M]. Singapore: McGraw-Hill, 2001.

[255] STORBACKA K, STRANDVIK T, GRONROOS C. Managing customer relationships for profit: the dynamics of relationship quality [J]. International Journal of Service Industry Management, 1994, 5 (5): 1-38.

[256] SUH J C, YI Y. When brand attitudes affect the customer satisfaction-loyalty relation: the moderating role of product involvement [J]. Journal of Consumer Rsychology, 2006, 16 (2): 145-155.

[257] TEO T. Demographic and motivation variables associated with internet usage activities [J]. Internet Journal of Marketing Research, 2001, 11 (2): 125-137.

[258] TREVINO L, WEBSTER J. Flow in computer-mediated communication [J]. Communication Research, 1992, 19 (5): 539-573.

[259] TYNAN C, MCKECHNIE S, CHHUON C. Co-creating value for luxury brands [J]. Journal of Business Research, 2010, 63 (11): 1156-1163.

[260] TYNAN C, MCKECHNIE S. Experience marketing: a review and reassessment [J]. Journal of Marketing Management, 2009, 25 (5/6): 501-517.

[261] TUREL O, SERENKO A, BONTIS N. User acceptance of wireless short messaging services: deconstructing perceived value [J]. Information Management, 2007, 44 (1): 63-73.

[262] UEHARA E. Dual exchange theory, social networks, and informal social support [J].

American Journal of Sociology, 1990, 96 (3): 521 -557.

[263] ULAGA W. Customer value in business markets: an agenda for inquiry [J]. Industrial Marketing Management, 2001, 30 (4): 315 -319.

[264] VAN DER HEIJDEN H. User acceptance of hedonic informantion systems [J]. MIS Quarterly, 2004, 28 (4): 695 -704.

[265] VARGO S L, AKAKA M A. Service - dominant logic as a foundation service science: clarifications [J]. Service Science, 2009, 1 (1): 32 -41.

[266] VARGO S L. Customer integration and value creation: paradigmatic traps and perspectives [J]. Journal of Service Research, 2008, 11 (2): 211 -215.

[267] VARGO S L, LUSCH R F. Evolving to a new dominant logic for marketing [J]. Journal of Marketing, 2004, 68 (1): 1 -17.

[268] VARGO S L, LUSCH R F. Service - dominant logic: continuing the evolution [J]. Journal of the Academy of Marketing Science, 2008, 36 (1): 1 -10.

[269] VARGO S L, MAGLIO P P, AKAKA M A. On value and value co - creation: a service systems and service logic perspective [J]. European Management Journal, 2008, 26 (1): 145 -152.

[270] VARGO S L, LUSCH R F. Service – dominant logic: what it is, what it is not, what it might be in the service - dominant logic of marketing: dialog, debate and directions [M]. Armonk: M. E. Sharpe Inc. , 2006: 43 -56.

[271] VENKAT RAMASWAMY. Co - creating value through customers experiences the nike case [J]. Strategy and Leadership, 2008, 36 (5): 9 -14.

[272] VENKATESH V, BROWN S A. A longitudinal investigation of personal computers in homes: adoption determinants and emerging challenges [J]. MIS Quqrterly, 2001, 25 (1): 71 -102.

[273] VERA J, TRUJILLO A. Service quality dimensions and superior customer perceived value in retail banks: an empirical study on mexican consumers [J]. Journal of Retail and Consumer Services, 2013 (20): 579 -586.

[274] VERHOEF P, LEMON K, PARASURAMAN A, et al. Customer experience creation: determinants, dynamics and management strategies [J]. Journal of Retailing, 2009, 85 (1): 31 -41.

[275] WAGNER S M, EGGERT A, LINDEMANN E. Creating and appropriating value in collaborative relationships [J]. Journal of Business Research, 2010, 63 (8): 840 -848.

[276] WAKEFIELD K L, BAKER J. Excitement at the mall: determinants and effects on shopping response [J]. Journal of Retailing, 1998, 74 (4): 515-539.

[277] WEBSTER J, TREVINO L, RYAN L. The dimensionality and correlates of flow in human-computer interaction [J]. Computers in Human Behavior, 1993, 9 (4): 411-426.

[278] WOOD J T. Gendered lives: communication, gender and culture [M]. Belmont, CA: Wadsworth, 2004.

[279] WIELY C, SHAW S, HAVITZ M. Men's and womens involvement in sports: an examination of the gendered aspects of leisure involvement [J]. Leisure Sciences, 2000, 22 (1): 19-31.

[280] WILLIAMS R L, COTHREL J. Four smart ways to run online communities [J]. Sloan Management Review, 2000, 41 (4): 81-91.

[281] WILSON D T. An integrated model of buyer-seller relationships [J]. Journal of the Academy of Marketing Science, 1995, 23 (4): 335-345.

[282] WOLFINBARGER M, GILLY M C. Shopping online for freedom, control, and fun [J]. California Management Review, 2001, 43 (2): 34-55.

[283] WONG A, DEAN TJOSVOLD D, SU F. Social face for innovation in strategic alliances in China: the mediating roles of resource exchange and reflexivity [J]. Journal of Organizational Behavior, 2007, 28 (5): 961-978.

[284] WONG A, SOHAL A. Customers' perspectives on service quality and relationship quality in retail encounters [J]. Managing Service Quality, 2002, 12 (6): 424-433.

[285] WU SOU-CHIN, FANG WENCHANG. The effect of consumer-to-consumer interactions on idea generation in virtual brand community relationships [J]. Technovation, 2010, 30 (11/12): 570-581.

[286] WU W Y, LEE C L, FU C S, et al. How can online store layout design and atmosphere influence consumer shopping intention on a website? [J]. International Jounral of Retail & Distribution Management, 2013, 42 (1): 4-24.

[287] YANG K, LEE H J. Gender differences in using mobile data services: utilitarian and hedonic value approaches [J]. Journal of Research in Interactive Marketing, 2010, 4 (2): 142-156.

[288] YANG SHUIQING, LU YAOBIN, WANG BIN, et al. The benefits and dangers of flow experience in high school students' internet usage: the role of parental support [J]. Computers in Human Behavior, 2014 (41): 504-513.

[289] YANG Z, PETERSON R T. Customer perceived value, satisfaction, and loyalty: the role of switching costs [J]. Psychology & Marketing, 2004, 21 (10): 799-822.

[290] YI Z, G U D, SONG H, YU K. A technological innovation model based on resource integration [J]. Frontiers of Business Research in China, 2008, 2 (3): 397-416.

[291] YOO J J, ARNOLD T J, FRANKWICK G L. Effects of positive customer - to - customer service interaction [J]. Journal of Business Research, 2012, 65 (9): 1313-1320.

[292] ZAICHKOWSKY J L. Measuring the involvement construct [J]. Journal of Consumer Research, 1985 (12): 341-352.

[293] ZEITHAML V A, BERRY L, PARASURAMAN A. The behavioral consequences of service quality [J]. Journal of Marketing, 1996, 60 (1): 31-46.

[294] ZEITHAML V A. Consumer perceptions of price, quality, and value: a means - end model and synthesis of evidence [J]. Journal of Marketing, 1988, 52 (3): 2-22.

[295] ZHAO LING, LU YAOBIN, WANG BIN, et al. Cultivating the sense of belonging and motivating user participation in virtual communities: a social capital perspective [J]. International Journal of Information Management, 2012, 32 (6): 574-588.

[296] ZHANG H, LU Y, GUPTA S, et al. What motivates customers to participate in social commerce? the impact of technological environments and virtual customer experiences [J]. Information & Management, 2014, 51 (8): 1017-1030.

[297] ZHANG X, YE C, CHEN R, WANG Z. Multi - focused strategy in value co - creation with customers: examining cumulative development pattern with new capabilities [J]. International Journal of Production Economicsm, 2011, 132 (1): 122-130.

[298] ZHOU T. An empirical examination of continuance intention of mobile payment services [J]. Decision Support Systems, 2013, 54 (2): 1085-1091.

[299] ZHOU T, LU Y. Examining mobile instant messaging user loyalty from the perspectives of network externalities and flow experience [J]. Computers in Human Behavior, 2011, 27 (2): 883-889.

[300] ZHOU ZHONGYUN, JIN XIAO - LING, VOGEL D R, et al. Individual motivations and demographic differences in social virtual world uses: an exploratory investigation in second life [J]. International Journal of Information Management, 2011, 31 (3): 261-271.

[301] ZIKMUND W. Exploring marketing research [M]. Ohio: Thomson/South - Western, 2003.

[302] ZWICK D, BONSU S K, DARMODY A. Putting consumers to work: co - creation and new marketing covern - mentality [J]. Journal of Consumer Culture, 2008, 8 (2):

163-196.

[303] 杜义飞,李仕明.基于资源交换的战略均衡研究[J].管理工程学报,2006,20(4):101-105.

[304] 郭晓凌.品牌质量差异、消费者产品涉入程度对品牌敏感的影响研究[J].南开管理评论,2007,10(3):13-18.

[305] 雷静.基于社会网络的虚拟社区知识共享研究[D].上海:东华大学,2012.

[306] 刘建新,刘建徽.顾客消费涉入的形成机理与涉入营销[J].北京工商大学学报:社会科学版,2010,25(3):69-73.

[307] 宁连举,冯鑫.基于虚拟社区体验的四元互惠战略模式[J].科研管理,2013,34(9):151-160.

[308] 任枫.品牌社群消费体验与品牌社区融入——基于心流体验的中介效应研究[J].中南财经政法大学学报,2014,205(4):151-160.

[309] 万文海,王新新.消费领域共同创造价值的形成机理研究[J].经济管理,2010,32(7):104-111.

[310] 王德胜,王建金.负面网络口碑对消费者品牌转换行为的影响机制研究——基于虚拟社区涉入的视角[J].中国软科学,2013(11):112-122.

[311] 王新新,万文海.消费领域共创价值的机理及对品牌忠诚的作用研究[J].管理科学,2012,25(5):52-65.

[312] 王永贵,马双.虚拟品牌社区顾客互动的驱动因素及对顾客满意影响的实证研究[J].管理学报,2013,10(9):1375-1383.

[313] 卫海英,张蕾.服务品牌资产驱动模型研究——基于多维互动质量的视角[J].经济管理,2010,32(5):151-158.

[314] 吴剑琳,代祺,古继宝.产品涉入度、消费者从众与品牌承诺:品牌敏感的中介作用——以轿车消费市场为例[J].管理评论,2011,23(9):68-75.

[315] 许月恒,张明立,唐塞丽.工业服务市场服务质量对客户行为意向的影响研究:基于多维视角[J].管理学报,2013,10(8):1214-1222.

[316] 余勇,田金霞.骑乘者休闲涉入、休闲效益与幸福感结构关系研究——以肇庆星湖自行车绿道为例[J].旅游学刊,2013,28(2):67-76.

[317] 张丽娟.虚拟旅游的体验质量评价研究[D].天津:天津财经大学,2011.

[318] 张明立,涂剑波,王崇彩.广义虚拟经济视角下的顾客体验质量对共创价值的影响研究[J].广义虚拟经济研究,2013,4(3):45-54.

[319] 赵玲,鲁耀斌,邓朝华.基于社会资本理论的虚拟社区感研究[J].管理学报,

2009, 6 (9): 1169 - 1175.

[320] 钟振东, 唐守廉, Pierre Vialle. 基于服务主导逻辑的价值共创研究 [J]. 软科学, 2014, 28 (1): 31 - 35.

[321] 周健明, 郭国庆, 张新圣. 网络负面谣言与品牌依恋: 品牌涉入与品牌信任的作用 [J]. 经济管理, 2015, 37 (9): 83 - 91.